Colección de guías de conversación
"¡Todo irá bien!"

T&P Books Publishing

GUÍA DE CONVERSACIÓN
RUMANO

LAS PALABRAS Y LAS FRASES MÁS ÚTILES

Esta Guía de Conversación contiene las frases y las preguntas más comunes necesitadas para una comunicación básica con extranjeros

Andrey Taranov

T&p BOOKS

Guía de conversación + diccionario de 1500 palabras

Guía de conversación Español-Rumano y diccionario conciso de 1500 palabras

por Andrey Taranov

La colección de guías de conversación para viajar "Todo irá bien" publicada por T&P Books está diseñada para personas que viajan al extranjero para turismo y negocios. Las guías contienen lo más importante - los elementos esenciales para una comunicación básica. Éste es un conjunto de frases imprescindibles para "sobrevivir" mientras está en el extranjero.

Una otra sección del libro también ofrece un pequeño diccionario con más de 1.500 palabras útiles. El diccionario incluye muchos términos gastronómicos y será de gran ayuda para pedir los alimentos en un restaurante o comprando comestibles en la tienda.

T&P Books Publishing
www.tpbooks.com

ISBN: 978-1-78492-640-3

Este libro está disponible en formato electrónico o de E-Book también.
Visite www.tpbooks.com o las librerías electrónicas más destacadas en la Red.

PREFACIO

La colección de guías de conversación para viajar "Todo irá bien" publicada por T&P Books está diseñada para personas que viajan al extranjero para turismo y negocios. Las guías contienen lo más importante - los elementos esenciales para una comunicación básica.Éste es un conjunto de frases imprescindibles para "sobrevivir" mientras está en el extranjero.

Esta guía de conversación le ayudará en la mayoría de los casos donde usted necesite pedir algo, conseguir direcciones, saber cuánto cuesta algo, etc. Puede también resolver situaciones difíciles de la comunicación donde los gestos no pueden ayudar.

Este libro contiene muchas frases que han sido agrupadas según los temas más relevantes. Una sección separada del libro también ofrece un pequeño diccionario con más de 1.500 palabras importantes y útiles.

Llévese la guía de conversación "Todo irá bien" en el camino y tendrá una insustituible compañera de viaje que le ayudará a salir de cualquier situación y le enseñará a no temer hablar con extranjeros.

TABLA DE CONTENIDOS

T&P Books Publishing

PRONUNCIACIÓN

T&P alfabeto fonético	Ejemplo rumano	Ejemplo español
[a]	arbust [ar'bust]	radio
[e]	a merge [a 'merdʒe]	verano
[ə]	brățară [brə'tsarə]	La schwa, el sonido neutro
[i]	impozit [im'pozit]	ilegal
[ɨ]	cuvânt [ku'vɨnt]	abismo
[o]	avocat [avo'kat]	bordado
[u]	fluture ['fluture]	mundo
[b]	bancă ['bankə]	en barco
[d]	durabil [du'rabil]	desierto
[dʒ]	gemeni ['dʒemenʲ]	jazz
[f]	frizer [fri'zer]	golf
[g]	gladiolă [gladi'olə]	jugada
[ʒ]	jucător [ʒukə'tor]	adyacente
[h]	pahar [pa'har]	registro
[k]	actor [ak'tor]	charco
[l]	clopot ['klopot]	lira
[m]	mobilă ['mobilə]	nombre
[n]	nuntă ['nuntə]	número
[p]	profet [pro'fet]	precio
[r]	roată [ro'atə]	era, alfombra
[s]	salată [sa'latə]	salva
[ʃ]	cleștișor [kleʃti'ʃor]	shopping
[t]	statuie [sta'tue]	torre
[ts]	forță ['fortsə]	tsunami
[tʃ]	optzeci [opt'zetʃi]	mapache
[v]	valiză [va'lizə]	travieso
[z]	zmeură ['zmeurə]	desde
[j]	foios [fo'jos]	asiento
[ʲ]	zori [zorʲ]	signo de palatalización

LISTA DE ABREVIATURAS

Abreviatura en español

adj	-	adjetivo
adv	-	adverbio
anim.	-	animado
conj	-	conjunción
etc.	-	etcétera
f	-	sustantivo femenino
f pl	-	femenino plural
fam.	-	uso familiar
fem.	-	femenino
form.	-	uso formal
inanim.	-	inanimado
innum.	-	innumerable
m	-	sustantivo masculino
m pl	-	masculino plural
m, f	-	masculino, femenino
masc.	-	masculino
mat	-	matemáticas
mil.	-	militar
num.	-	numerable
p.ej.	-	por ejemplo
pl	-	plural
pron	-	pronombre
sg	-	singular
v aux	-	verbo auxiliar
vi	-	verbo intransitivo
vi, vt	-	verbo intransitivo, verbo transitivo
vr	-	verbo reflexivo
vt	-	verbo transitivo

Abreviatura en rumano

f	-	sustantivo femenino
f pl	-	femenino plural
m	-	sustantivo masculino
m pl	-	masculino plural
n	-	neutro

| n pl | - | género neutro plural |
| pl | - | plural |

GUÍA DE CONVERSACIÓN RUMANO

Esta sección contiene frases importantes que pueden resultar útiles en varias situaciones de la vida real. La Guía le ayudará a pedir direcciones, aclaración sobre precio, comprar billetes, y pedir alimentos en un restaurante

T&P Books Publishing

CONTENIDO DE LA GUÍA DE CONVERSACIÓN

T&P Books Publishing

Perdone, …	**Nu vă supărați, …** [nu və supəˈrats^j, …]
Hola.	**Buna ziua.** [buna ˈziwa]
Gracias.	**Mulțumesc.** [mulʦuˈmesk]

Sí.	**Da.** [da]
No.	**Nu.** [nu]
No lo sé.	**Nu știu.** [nu ˈʃtiu]
¿Dónde? | ¿A dónde? | ¿Cuándo?	**Unde? | Încotro? | Când?** [unde? | ɨnkoˈtro? | kɨnd?]

Necesito …	**Am nevoie de …** [am neˈvoje de …]
Quiero …	**Vreau …** [vrˈau …]
¿Tiene …?	**Aveți …?** [aˈvets^j …?]
¿Hay … por aquí?	**Există … aici?** [eˈgzistə … aˈitʃi?]
¿Puedo …?	**Pot …?** [pot …?]
…, por favor? (petición educada)	**…, vă rog** […, və rog]

Busco …	**Caut …** [kaut …]
el servicio	**o toaletă** [o toaˈletə]
un cajero automático	**un bancomat** [un bankoˈmat]
una farmacia	**o farmacie** [o farmaˈtʃie]
el hospital	**un spital** [un spiˈtal]

la comisaría	**o secție de poliție** [o ˈsektsie de poˈlitsie]
el metro	**un metrou** [un meˈtrou]

un taxi	**un taxi** [un ta'ksi]
la estación de tren	**o gară** [o 'garə]

Me llamo ...	**Numele meu este ...** [numele 'meu 'este ...]
¿Cómo se llama?	**Cum vă numiți?** [kum və nu'mitsʲ?]
¿Puede ayudarme, por favor?	**Mă puteți ajuta, vă rog?** [mə pu'tetsʲ aʒu'ta, və rog?]
Tengo un problema.	**Am o problemă.** [am o pro'blemə]
Me encuentro mal.	**Mi-e rău.** [mi-e 'rəu]
¡Llame a una ambulancia!	**Chemați o ambulanță!** [ke'matsʲ o ambu'lantsə!]
¿Puedo llamar, por favor?	**Pot să dau un telefon?** [pot sə dau un tele'fon?]

Lo siento.	**Îmi pare rău.** [imʲ 'pare rəu]
De nada.	**Cu plăcere.** [ku plə'tʃere]

Yo	**Eu** [eu]
tú	**tu** [tu]
él	**el** [el]
ella	**ea** [ja]
ellos	**ei** [ej]
ellas	**ele** ['ele]
nosotros /nosotras/	**noi** [noj]
ustedes, vosotros	**voi** [voj]
usted	**dumneavoastră** [dumnʲavo'astrə]

ENTRADA	**INTRARE** [in'trare]
SALIDA	**IEŞIRE** [je'ʃire]
FUERA DE SERVICIO	**DEFECT** [de'fekt]
CERRADO	**ÎNCHIS** [in'kis]

ABIERTO	**DESCHIS** [des'kis]
PARA SEÑORAS	**PENTRU FEMEI** [pentru fe'mej]
PARA CABALLEROS	**PENTRU BĂRBAȚI** [pentru bər'batsi]

Preguntas

¿Dónde?

Unde?
['unde?]

¿A dónde?

Încotro?
[inko'tro?]

¿De dónde?

De unde?
[de 'unde?]

¿Por qué?

De ce?
[de tʃe?]

¿Con que razón?

Din ce motiv?
[din tʃe mo'tiv?]

¿Cuándo?

Când?
[kind?]

¿Cuánto tiempo?

Cât?
[kit?]

¿A qué hora?

La ce oră?
[la tʃe 'orə?]

¿Cuánto?

Cât de mult?
[kit de mult?]

¿Tiene ...?

Aveți ...?
[a'vetsʲ ...?]

¿Dónde está ...?

Unde este ...?
[unde 'este ...?]

¿Qué hora es?

Cât este ceasul?
[kit 'este 'tʃasul?]

¿Puedo llamar, por favor?

Pot să dau un telefon?
[pot sə dau un tele'fon?]

¿Quién es?

Cine e?
[tʃine e?]

¿Se puede fumar aquí?

Pot fuma aici?
[pot fu'ma a'itʃi?]

¿Puedo ...?

Pot ...?
[pot ...?]

Necesidades

Quisiera ...	**Aş dori ...** [aʃ do'ri ...]
No quiero ...	**Nu vreau ...** [nu 'vrʲau ...]
Tengo sed.	**Mi-e sete.** [mi-e 'sete]
Tengo sueño.	**Vreau să dorm.** [vrʲau sə dorm]

Quiero ...	**Vreau ...** [vrʲau ...]
lavarme	**să mă spăl** [sə mə spəl]
cepillarme los dientes	**să mă spăl pe dinţi** [sə mə spəl pe 'dintsi]
descansar un momento	**să mă odihnesc puţin** [sə mə odih'nesk pu'tsin]
cambiarme de ropa	**să mă schimb** [sə mə skimb]

volver al hotel	**să mă întorc la hotel** [sə mə in'tork la ho'tel]
comprar ...	**să cumpăr ...** [sə 'kumpər ...]
ir a ...	**să merg la ...** [sə merg la ...]
visitar ...	**să vizitez ...** [sə vizi'tez ...]
quedar con ...	**să mă întâlnesc cu ...** [sə mə intil'nesk ku ...]
hacer una llamada	**să dau un telefon** [sə dau un tele'fon]

Estoy cansado /cansada/.	**Sunt obosit /obosită/.** [sunt obo'sit /obo'sitə/]
Estamos cansados /cansadas/.	**Suntem obosiţi.** [suntem obo'sitsi]
Tengo frío.	**Mi-e frig.** [mi-e frig]
Tengo calor.	**Mi-e cald.** [mi-e kald]
Estoy bien.	**Sunt bine.** [sunt 'bine]

Tengo que hacer una llamada. **Trebuie să dau un telefon.**
[trebuje sə dau un tele'fon]

Necesito ir al servicio. **Trebuie să merg la toaletă.**
[trebuje sə merg la toa'letə]

Me tengo que ir. **Chiar trebuie să plec.**
[kjar 'trebuje sə plek]

Me tengo que ir ahora. **Trebuie să plec.**
[trebuje sə plek]

Preguntar por direcciones

Perdone, ...	**Nu vă supărați, ...** [nu və supə'raʦʲ, ...]
¿Dónde está ...?	**Unde este ...?** [unde 'este ...?]
¿Por dónde está ...?	**În ce direcție este ...?** [in ʧe di'rekʦie 'este ...?]
¿Puede ayudarme, por favor?	**Ați putea să mă ajutați, vă rog?** [aʦʲ put'a sə mə aʒu'taʦʲ, və rog?]

Busco ...	**Caut ...** [kaut ...]
Busco la salida.	**Caut ieșirea.** [kaut 'eʃirʲa]
Voy a ...	**Urmează să ...** [ur'mʲazə sə ...]
¿Voy bien por aquí para ...?	**Merg în direcția bună către ...?** [merg in di'rekʦja 'bunə 'kɛtre ...?]

¿Está lejos?	**Este departe?** [este de'parte?]
¿Puedo llegar a pie?	**Pot ajunge acolo pe jos?** [pot a'ʒunʒe a'kolo pe ʒos?]
¿Puede mostrarme en el mapa?	**Îmi puteți arăta pe hartă?** [imʲ pu'teʦʲ arə'ta pe 'hartə?]
Por favor muestreme dónde estamos.	**Arătați-mi unde ne aflăm acum.** [arə'taʦi-mi 'unde ne afləm a'kum]

Aquí	**Aici** [a'iʧi]
Allí	**Acolo** [a'kolo]
Por aquí	**Pe aici** [pe a'iʧi]

Gire a la derecha.	**Faceți dreapta.** [fa'ʧeʦʲ 'drʲapta]
Gire a la izquierda.	**Faceți stânga.** [fa'ʧeʦʲ 'stinga]
la primera (segunda, tercera) calle	**prima (a doua, a treia)** [prima (a 'dowa, a 'treja)]
a la derecha	**la dreapta** [la 'drʲapta]

a la izquierda

la stânga
[la 'stinga]

Siga recto.

Mergeţi drept înainte.
[merdʒetsʲ drept ina'inte]

Carteles

¡BIENVENIDO!	**BINE AȚI VENIT!** [bine 'atsʲ ve'nit!]
ENTRADA	**INTRARE** [in'trare]
SALIDA	**IEȘIRE** [je'ʃire]

EMPUJAR	**ÎMPINGEȚI** [im'pinʒetsʲ]
TIRAR	**TRAGEȚI** [tra'dʒetsʲ]
ABIERTO	**DESCHIS** [des'kis]
CERRADO	**ÎNCHIS** [in'kis]

PARA SEÑORAS	**PENTRU FEMEI** [pentru fe'mej]
PARA CABALLEROS	**PENTRU BĂRBAȚI** [pentru bər'batsʲ]
CABALLEROS	**BĂRBAȚI** [bər'batsʲ]
SEÑORAS	**FEMEI** [fe'mej]

REBAJAS	**REDUCERI** [re'dutʃerʲ]
VENTA	**OFERTĂ** [o'fertə]
GRATIS	**GRATUIT** [gratu'it]
¡NUEVO!	**NOU!** ['nou!]
ATENCIÓN	**ATENȚIE!** [a'tentsie!]

COMPLETO	**NU MAI SUNT CAMERE DISPONIBILE** [nu maj sunt 'kamere dispo'nibile]
RESERVADO	**REZERVAT** [rezer'vat]
ADMINISTRACIÓN	**CONDUCERE** [kon'dutʃere]
SÓLO PERSONAL AUTORIZADO	**REZERVAT PERSONAL** [rezer'vat perso'nal]

CUIDADO CON EL PERRO	**ATENŢIE, CÂINE RĂU!** [a'tenʦie, 'kijne rəu!]
NO FUMAR	**FUMATUL INTERZIS!** [fu'matul inter'zis!]
NO TOCAR	**A NU SE ATINGE!** [a nu se a'tinʒe!]

PELIGROSO	**PERICOL** [pe'rikol]
PELIGRO	**PERICOL GENERAL** [pe'rikol ʤene'ral]
ALTA TENSIÓN	**ATENŢIE ÎNALTĂ TENSIUNE** [a'tenʦie inaltə tensi'une]
PROHIBIDO BAÑARSE	**ÎNOTUL INTERZIS!** [i'notul inter'zis!]

FUERA DE SERVICIO	**DEFECT** [de'fekt]
INFLAMABLE	**INFLAMABIL** [infla'mabil]
PROHIBIDO	**INTERZIS** [inter'zis]
PROHIBIDO EL PASO	**ACCES INTERZIS!** [akʧes inter'zis!]
RECIÉN PINTADO	**PROASPĂT VOPSIT** [pro'aspət vop'sit]

CERRADO POR RENOVACIÓN	**ÎNCHIS PENTRU RENOVARE** [in'kis 'pentru reno'vare]
EN OBRAS	**ATENŢIE SE LUCREAZĂ** [a'tenʦie se lu'kriazə]
DESVÍO	**TRAFIC DEVIAT** [trafik de'vjat]

Transporte. Frases generales

el avión	**avion** [a'vjon]
el tren	**tren** [tren]
el bus	**autobuz** [auto'buz]
el ferry	**feribot** [feri'bot]
el taxi	**taxi** [ta'ksi]
el coche	**maşină** [ma'ʃinə]

el horario	**orar** [o'rar]
¿Dónde puedo ver el horario?	**Unde pot vedea orarul?** [unde pot ve'dʲa o'rarul?]
días laborables	**zile de lucru** [zile de 'lukru]
fines de semana	**sfârşit de săptămână** [sfir'ʃit de səptə'minə]
días festivos	**sărbători** [sərbəto'ri]

SALIDA	**PLECĂRI** [plekərʲ]
LLEGADA	**SOSIRI** [so'sirʲ]
RETRASADO	**ÎNTÂRZIERI** [intirzi'erʲ]
CANCELADO	**ANULĂRI** [anulərʲ]

siguiente (tren, etc.)	**următorul** [urmə'torul]
primero	**primul** ['primul]
último	**ultimul** ['ultimul]

¿Cuándo pasa el siguiente …?	**Când este următorul …?** [kind 'este urmə'torul …?]
¿Cuándo pasa el primer …?	**Când este primul …?** [kind 'este 'primul …?]

¿Cuándo pasa el último …?

Când este ultimul …?
[kind 'este 'ultimul …?]

el trasbordo (cambio de trenes, etc.)

schimb
[skimb]

hacer un trasbordo

a schimba
[a skim'ba]

¿Tengo que hacer un trasbordo?

**Trebuie să schimb …
(trenul | avionul)?**
[trebuje sə skimb …
('trenul | a'vjonul)?]

Comprar billetes

¿Dónde puedo comprar un billete?

De unde pot cumpăra bilete?
[de 'unde pot kumpə'ra bi'lete?]

el billete

bilet
[bi'let]

comprar un billete

a cumpăra un bilet
[a kumpə'ra un bi'let]

precio del billete

prețul biletului
[pretsul bi'letului]

¿Para dónde?

În ce direcție?
[in ʧe di'rekʦie?]

¿A qué estación?

La ce stație?
[la ʧe 'staʦie?]

Necesito ...

Am nevoie de ...
[am ne'voje de ...]

un billete

un bilet
[un bi'let]

dos billetes

două bilete
[dowə bi'lete]

tres billetes

trei bilete
[trej bi'lete]

sólo ida

dus
[dus]

ida y vuelta

dus-întors
[dus-in'tors]

en primera (primera clase)

clasa întâi
[klasa in'tij]

en segunda (segunda clase)

clasa a doua
[klasa a 'dowa]

hoy

astăzi
[astəzi]

mañana

mâine
[mijne]

pasado mañana

poimâine
[po'imiine]

por la mañana

dimineața
[dimi'niaʦa]

por la tarde

după-masa
['dupə-'masa]

por la noche

seara
[siara]

asiento de pasillo

loc la culoar
[lok la kulo'ar]

asiento de ventanilla

loc la geam
[lok la dʒʲam]

¿Cuánto cuesta?

Cât costă?
[kɨt 'kostə?]

¿Puedo pagar con tarjeta?

Pot plăti cu cardul?
[pot plə'ti ku 'kardul?]

Autobús

el autobús	**autobuz** [auto'buz]
el autobús interurbano	**autobuz interurban** [auto'buz interur'ban]
la parada de autobús	**staţie de autobuz** [staʦie de auto'buz]
¿Dónde está la parada de autobuses más cercana?	**Unde este cea mai apropiată** **staţie de autobuz?** [unde 'este ʧa maj apro'pjatə 'staʦie de auto'buz?]

número	**număr** ['numər]
¿Qué autobús tengo que tomar para ...?	**Ce autobuz trebuie să iau** **să ajung la ...?** [ʧe auto'buz tre'buje sə jau sə a'ʒun la ...?]
¿Este autobús va a ...?	**Acest autobuz ajunge la ...?** [a'ʧest auto'buz a'ʒunʒe la ...?]
¿Cada cuanto pasa el autobús?	**La ce interval vin autobuzele?** [la ʧe inter'val vin auto'buzele?]

cada 15 minutos	**la fiecare 15 minute** [la fie'kare 'ʧinʧsprezeʧe mi'nute]
cada media hora	**la fiecare jumătate de oră** [la fie'kare ʒumə'tate de 'orə]
cada hora	**la fiecare oră** [la fie'kare 'orə]
varias veces al día	**de câteva ori pe zi** [de kite'va ori pe zi]
... veces al día	**de ... ori pe zi** [de ... ori pe zi]

el horario	**orar** [o'rar]
¿Dónde puedo ver el horario?	**Unde pot vedea orarul?** [unde pot ve'dʲa o'rarul?]
¿Cuándo pasa el siguiente autobús?	**Când este următorul autobuz?** [kind 'este urmə'torul auto'buz?]
¿Cuándo pasa el primer autobús?	**Când este primul autobuz?** [kind 'este 'primul auto'buz?]
¿Cuándo pasa el último autobús?	**Când este ultimul autobuz?** [kind 'este 'ultimul auto'buz?]

la parada

stație
[statsie]

la siguiente parada

următoarea stație
[urməto'ar'a 'statsie]

la última parada

ultima stație
[ultima 'statsie]

Pare aquí, por favor.

Opriți aici, vă rog.
[o'prits' a'itʃi, və rog]

Perdone, esta es mi parada.

Scuzați-mă, cobor aici.
[sku'zatsi-mə, ko'bor a'itʃi]

Tren

el tren	**tren** [tren]
el tren de cercanías	**tren suburban** [tren subur'ban]
el tren de larga distancia	**tren pe distanţă lungă** [tren pe dis'tanʦə 'lungə]
la estación de tren	**o gară** [o 'garə]
Perdone, ¿dónde está la salida al anden?	**Scuzaţi-mă, unde este ieşirea spre peron?** [sku'zaʦi-mə, 'unde 'este ie'ʃirʲa spre pe'ron?]

¿Este tren va a ...?	**Acest tren merge la ...?** [a'ʧest tren 'merʤe la ...?]
el siguiente tren	**următorul tren** [urmə'torul tren]
¿Cuándo pasa el siguiente tren?	**Când este următorul tren?** [kind 'este urmə'torul tren?]
¿Dónde puedo ver el horario?	**Unde pot vedea mersul trenurilor?** [unde pot ve'dʲa 'mersul 'trenurilor?]
¿De qué andén?	**De la care peron?** [de la kare pe'ron?]
¿Cuándo llega el tren a ...?	**Când ajunge trenul la ...?** [kind a'ʒunʒe 'trenul la ...?]

Ayudeme, por favor.	**Vă rog să mă ajutaţi.** [və rog sə mə aʒu'taʦi]
Busco mi asiento.	**Îmi caut locul.** [imʲi 'kaut 'lokul]
Buscamos nuestros asientos.	**Ne căutăm locurile.** [ne kəutəm 'lokurile]

Mi asiento está ocupado.	**Locul meu este ocupat.** [lokul 'meu 'este oku'pat]
Nuestros asientos están ocupados.	**Locurile noastre sunt ocupate.** [lokurile no'astre sunt oku'pate]
Perdone, pero ese es mi asiento.	**Îmi pare rău dar acesta este locul meu.** [imʲ 'pare rəu dar a'ʧesta 'este 'lokul 'meu]

¿Está libre?

Este liber acest loc?
[este 'liber a'tʃest lok?]

¿Puedo sentarme aquí?

Pot să stau aici?
[pot sə 'stau a'itʃi?]

En el tren. Diálogo (Sin billete)

Su billete, por favor.	**Biletul la control.** [bi'letul la kon'trol]
No tengo billete.	**Nu am bilet.** [nu am bi'let]
He perdido mi billete.	**Mi-am pierdut biletul.** [mi-am 'pjerdut bi'letul]
He olvidado mi billete en casa.	**Mi-am uitat biletul acasă.** [mi-am 'ujtat bi'letul a'kasə]

Le puedo vender un billete.	**Puteţi cumpăra un bilet de la mine.** [pu'teʦʲ kumpə'ra un bi'let de la 'mine]
También deberá pagar una multa.	**Va trebui, de asemenea, să plătiţi şi o amendă.** [va 'trebuj, de a'semenʲa, sə plə'tiʦʲ ʃi o a'mendə]

Vale.	**Bine.** ['bine]
¿A dónde va usted?	**Unde mergeţi?** [unde mer'dʒeʦi?]
Voy a ...	**Merg la ...** [merg la ...]

¿Cuánto es? No lo entiendo.	**Cât costă? Nu înţeleg.** [kit 'kostə? nu inʦe'leg]
Escríbalo, por favor.	**Scrieţi pe ceva, vă rog.** [skri'eʦʲ pe ʧe'va, və rog]
Vale. ¿Puedo pagar con tarjeta?	**Bine. Pot plăti cu cardul?** [bine. pot plə'ti ku 'kardul?]
Sí, puede.	**Da, puteţi.** [da, pu'teʦʲ]

Aquí está su recibo.	**Aceasta este chitanţa dumneavoastră.** [a'ʧasta 'este ki'tanʦa dumnʲavo'astrə]
Disculpe por la multa.	**Îmi pare rău pentru amendă.** [imʲ 'pare rəu 'pentru a'mendə]
No pasa nada. Fue culpa mía.	**Este în regulă. A fost vina mea.** [este in 'regulə. a fost 'vina mʲa]
Disfrute su viaje.	**Călătorie plăcută!** [kələto'rie plə'kutə!]

Taxi

taxi	**taxi** [ta'ksi]
taxista	**şofer de taxi** [ʃo'fer de ta'ksi]
coger un taxi	**a lua un taxi** [a 'lua un ta'ksi]
parada de taxis	**staţie de taxiuri** [stalsie de ta'ksjurʲ]
¿Dónde puedo coger un taxi?	**De unde pot lua un taxi?** [de 'unde pot 'lua un ta'ksi?]
llamar a un taxi	**a chema un taxi** [a 'kema un ta'ksi]
Necesito un taxi.	**Am nevoie de un taxi.** [am ne'voje de un ta'ksi]
Ahora mismo.	**Acum.** [a'kum]
¿Cuál es su dirección?	**Care este adresa dumneavoastră?** [kare 'este a'dresa dumnʲavo'astrə?]
Mi dirección es …	**Adresa mea este …** [a'dresa mʲa 'este …]
¿Cuál es el destino?	**Unde mergeţi?** [unde mer'ʤelsi?]
Perdone, …	**Scuzaţi-mă, …** [sku'zalsi-mə, …]
¿Está libre?	**Sunteţi liber?** [sun'telsʲ 'liber?]
¿Cuánto cuesta ir a …?	**Cât costă până la …?** [kit 'kostə 'pinə la …?]
¿Sabe usted dónde está?	**Ştiţi unde este?** [ʃtitsʲ 'unde 'este?]
Al aeropuerto, por favor.	**La aeroport, vă rog.** [la aero'port, və rog]
Pare aquí, por favor.	**Opriţi aici, vă rog.** [o'pritsʲ a'itʃi, və rog]
No es aquí.	**Nu este aici.** [nu 'este a'itʃi]
La dirección no es correcta.	**Adresa asta este greşită.** [a'dresa as'ta 'este gre'ʃitə]
Gire a la izquierda.	**Luaţi-o la stânga.** [lu'atsi-o la 'stinga]
Gire a la derecha.	**Luaţi-o la dreapta.** [lu'atsi-o la 'drʲapta]

¿Cuánto le debo?

¿Me da un recibo, por favor?

Quédese con el cambio.

Cât vă datorez?
[kit və da'torez?]

Aş dori o chitanţă, vă rog.
[aʃ do'ri o ki'tantsə, və rog]

Păstraţi restul.
[pəs'tratsʲ 'restul]

Espéreme, por favor.

cinco minutos

diez minutos

quince minutos

veinte minutos

media hora

Mă puteţi aştepta, vă rog?
[mə pu'tetsʲ aʃtep'ta, və rog?]

cinci minute
[tʃintʃ mi'nute]

zece minute
[zetʃe mi'nute]

cincisprezece minute
[tʃintʃisprezetʃe mi'nute]

douăzeci de minute
[dowə'zetʃi de mi'nute]

o jumătate de oră
[o ʒumə'tate de 'orə]

Hotel

Hola.	**Bună ziua.** [bunə 'ziwa]
Me llamo …	**Mă numesc …** [mə nu'mesk …]
Tengo una reserva.	**Am o rezervare.** [am o rezer'vare]

Necesito …	**Am nevoie de …** [am ne'voje de …]
una habitación individual	**o cameră single** [o 'kamerə 'singlə]
una habitación doble	**o cameră dublă** [o 'kamerə 'dublə]
¿Cuánto cuesta?	**Cât costă?** [kit 'kostə?]
Es un poco caro.	**Este puțin cam scump.** [este pu'tsin kam skump]

¿Tiene alguna más?	**Mai există alte opțiuni?** [maj e'gzistə 'alte op'tsjuni?]
Me quedo.	**O iau.** [o 'jau]
Pagaré en efectivo.	**Plătesc în numerar.** [plə'tesk in nume'rar]

Tengo un problema.	**Am o problemă.** [am o pro'blemə]
Mi … no funciona.	**… este stricat /stricată/.** [… 'este stri'kat /stri'katə/]
Mi … está fuera de servicio.	**… este defect /defectă/.** [… 'este de'fekt /'este de'fektə/]
televisión	**Meu televizorul (este stricat)** [meu televi'zorul ('este stri'kat)]
aire acondicionado	**Aerul meu condiționat (este defect)** [aerul 'meu konditsjo'nat ('este de'fekt)]
grifo	**Meu robinetul (este stricat)** [meu robi'netul ('este stri'kat)]

ducha	**Meu dușul (este stricat)** [meu 'duʃul ('este stri'kat)]
lavabo	**Mea chiuveta (este defectă)** [m'a kju'veta ('este de'fektə)]
caja fuerte	**Meu seiful (este stricat)** [meu 'sejful ('este stri'kat)]

cerradura	**Încuietoarea (este defectă)** [inkue'toar'a]
enchufe	**Mea priza (este defectă)** [m'a 'priza ('este de'fektə)]
secador de pelo	**Uscătorul meu de păr (este stricat)** [uskə'torul 'meu de pər ('este stri'kat)]

No tengo ...	**Nu am ...** [nu am ...]
agua	**apă** ['apə]
luz	**lumină** [lu'minə]
electricidad	**curent electric** [ku'rent e'lektric]

¿Me puede dar ...?	**Îmi puteţi da ...?** [im' pu'tets' da ...?]
una toalla	**un prosop** [un pro'sop]
una sábana	**o pătură** [o 'pəturə]
unas chanclas	**papuci** [pa'putʃi]
un albornoz	**un halat** [un ha'lat]
un champú	**nişte şampon** [ʃam'pon]
jabón	**nişte săpun** [sə'pun]

Quisiera cambiar de habitación.	**Aş dori să îmi schimb camera.** [aʃ do'ri sə imj skimb 'kamera]
No puedo encontrar mi llave.	**Nu îmi găsesc cheia.** [nu imj gə'sesk ke'ja]
Por favor abra mi habitación.	**Puteţi să îmi deschideţi camera, vă rog?** [pu'tets' sə im' de'skidets' 'kamera, və rog?]

¿Quién es?	**Cine e?** [tʃine e?]
¡Entre!	**Intraţi!** [in'trats'!]
¡Un momento!	**Un minut!** [un mi'nut!]

Ahora no, por favor.	**Nu acum, vă rog.** [nu a'kum, və rog]
Venga a mi habitación, por favor.	**Veniţi în camera mea, vă rog.** [ve'nits' in 'kamera m'a, və rog]

Quisiera hacer un pedido.	**Aş dori să îmi comand de mâncare în cameră.** [aʃ do'ri sə ɨmj ko'mand de min'kare in 'kamerə]
Mi número de habitación es …	**Numărul camerei mele este …** [numərul 'kamerej mele 'este …]
Me voy …	**Plec …** [plek …]
Nos vamos …	**Plecăm …** [plekəm …]
Ahora mismo	**acum** [a'kum]
esta tarde	**în această după-masă** [in a'ʧastə 'dupə-'masə]
esta noche	**diseară** [di'sʲarə]
mañana	**mâine** [mɨjne]
mañana por la mañana	**mâine dimineaţă** [mɨjne dimi'nʲaʦə]
mañana por la noche	**mâine seară** [mɨjne 'sʲarə]
pasado mañana	**poimâine** [po'imiine]

Quisiera pagar la cuenta.	**Aş dori să plătesc.** [aʃ do'ri sə plə'tesk]
Todo ha estado estupendo.	**Totul a fost excelent.** [totul a fost eksʧe'lent]
¿Dónde puedo coger un taxi?	**De unde pot lua un taxi?** [de 'unde pot 'lua un ta'ksi?]
¿Puede llamarme un taxi, por favor?	**Îmi puteţi chema un taxi, vă rog?** [ɨmʲ pu'teʦʲ ke'ma un ta'ksi, və rog?]

Restaurante

¿Puedo ver el menú, por favor?	**Pot vedea meniul, vă rog?** [pot ve'd'a me'njul, və rog?]
Mesa para uno.	**O masă pentru o persoană.** [o 'masə 'pentru o perso'anə]
Somos dos (tres, cuatro).	**Suntem două (trei, patru) persoane.** [suntem 'dowə (trej, 'patru) perso'ane]

Para fumadores	**Fumători** [fumə'tori]
Para no fumadores	**Nefumători** [nefumə'tori]
¡Por favor! (llamar al camarero)	**Scuzați-mă!** [sku'zaţsi-mə!]
la carta	**meniu** [me'nju]
la carta de vinos	**lista de vinuri** [lista de 'vinuri]
La carta, por favor.	**Un meniu, vă rog.** [un me'nju, və rog]

¿Está listo para pedir?	**Sunteți gata să comandați?** [sun'tetsʲ 'gata sə koman'datsʲ?]
¿Qué quieren pedir?	**Ce veți servi?** [tʃe 'vetsi ser'vi?]
Yo quiero …	**Vreau …** [vrʲau …]

Soy vegetariano.	**Sunt vegetarian.** [sunt vedʒeta'rjan /vedʒeta'rjanə/]
carne	**carne** ['karne]
pescado	**peşte** ['peʃte]
verduras	**legume** [le'gume]
¿Tiene platos para vegetarianos?	**Aveți feluri de mâncare vegetariene?** [a'vetsʲ fe'luri de mɨn'kare vedʒe'tariene?]
No como cerdo.	**Nu mănânc porc.** [nu mə'nɨnk pork]
Él /Ella/ no come carne.	**El /Ea/ nu mănâncă carne.** [el /ʲa/ nu mə'nɨnkə 'karne]
Soy alérgico a …	**Sunt alergic la …** [sunt a'lerdʒik /a'lerdʒikə/ la …]

¿Me puede traer ..., por favor?

Vă rog frumos, îmi puteţi aduce ...
[və rog fru'mos, imj pu'tetsʲ a'dutʃe ...]

sal | pimienta | azúcar

sare | piper | zahăr
[sare | pi'per | 'zahər]

café | té | postre

cafea | ceai | desert
[ka'fʲa | tʃaj | de'sert]

agua | con gas | sin gas

apă | minerală | platá
[apə | mine'ralə | 'platə]

una cuchara | un tenedor | un cuchillo

o lingură | o furculiţă | un cuţit
[o 'lingurə | o furku'litsə | un ku'tsit]

un plato | una servilleta

o farfurie | un şerveţel
[o farfu'rie | un ʃerve'tsel]

¡Buen provecho!

Poftă bună!
[poftə 'bunə!]

Uno más, por favor.

Încă unul /unula/, vă rog.
[inkə 'unul /'unula/, və rog]

Estaba delicioso.

A fost foarte bun.
[a fost fo'arte bun]

la cuenta | el cambio | la propina

notă | rest | bacşiş
[notə | rest | bak'ʃiʃ]

La cuenta, por favor.

Nota, vă rog.
[nota, və rog]

¿Puedo pagar con tarjeta?

Pot plăti cu cardul?
[pot plə'ti ku 'kardul?]

Perdone, aquí hay un error.

Îmi pare rău, este o greşeală aici.
[imʲ 'pare rəu, 'este o gre'ʃalə a'itʃi]

De Compras

¿Puedo ayudarle?	**Pot să vă ajut?** [pot sə və a'ʒut?]
¿Tiene ...?	**Aveţi ...?** [a'vetsʲ ...?]
Busco ...	**Caut ...** [kaut ...]
Necesito ...	**Am nevoie de ...** [am ne'voje de ...]

Sólo estoy mirando.	**Doar mă uit.** [do'ar mə uit]
Sólo estamos mirando.	**Doar ne uităm.** [do'ar ne uitəm]
Volveré más tarde.	**Mă întorc mai târziu.** [mə ɨn'tork maj tir'zju]
Volveremos más tarde.	**Ne întoarcem mai târziu.** [ne ɨnto'artʃem maj tir'zju]
descuentos | oferta	**reduceri | ofertă** [re'dutʃerʲ | o'fertə]

Por favor, enséñeme ...	**Îmi puteţi arăta ..., vă rog.** [ɨmʲ pu'tetsʲ arə'ta ..., və rog]
¿Me puede dar ..., por favor?	**Îmi puteţi da ..., vă rog.** [ɨmʲ pu'tetsʲ da ..., və rog]
¿Puedo probarmelo?	**Pot să probez?** [pot sə pro'bez?]
Perdone, ¿dónde están los probadores?	**Nu vă supăraţi, unde este cabina de probă?** [nu və supə'ratsʲ, 'unde 'este ka'bina de 'probə?]
¿Qué color le gustaría?	**Ce culoare aţi dori?** [tʃe kulo'are 'atsʲ do'ri?]
la talla | el largo	**mărime | lungime** [mə'rime | lun'dʒime]
¿Cómo le queda? (¿Está bien?)	**Cum vine?** [kum 'vine?]

¿Cuánto cuesta esto?	**Cât costă asta?** [kit 'kostə 'asta?]
Es muy caro.	**Este prea scump.** [este prʲa skump]
Me lo llevo.	**Îl iau /O iau/.** [ɨl 'jau /o 'jau/]

Perdone, ¿dónde está la caja?

Nu vă supărați, unde plătesc?
[nu və supə'raţsʲ, 'unde plə'tesk?]

¿Pagará en efectivo o con tarjeta?

Plătiți în numerar sau cu cardul?
[plə'tiţsʲ in nume'rar sau ku 'kardul?]

en efectivo | con tarjeta

În numerar | cu cardul
[in nume'rar | ku 'kardul]

¿Quiere el recibo?

Doriți chitanță?
[do'riţsʲ ki'tantsə?]

Sí, por favor.

Da, vă rog.
[da, və rog]

No, gracias.

Nu, este în regulă.
[nu, 'este in 'regulə]

Gracias. ¡Que tenga un buen día!

Mulțumesc. O zi bună!
[mulţsu'mesk. o zi 'bunə!]

En la ciudad

Perdone, por favor.	**Îmi cer scuze.** [im' tʃer 'skuze]
Busco ...	**Caut ...** [kaut ...]
el metro	**metroul** [me'troul]
mi hotel	**hotelul** [ho'telul]

el cine	**cinematograful** [tʃinemato'graful]
una parada de taxis	**o staţie de taxi** [o 'statsie de ta'ksi]
un cajero automático	**un bancomat** [un banko'mat]
una oficina de cambio	**un birou de schimb valutar** [un bi'rou de skimb valu'tar]

un cibercafé	**un internet café** [un inter'net kafé]
la calle ...	**... strada** [... 'strada]
este lugar	**locul acesta** [lokul a'tʃesta]

¿Sabe usted dónde está ...?	**Ştiţi unde este ...?** [ʃtits' 'unde 'este ...?]
¿Cómo se llama esta calle?	**Ce stradă este aceasta?** [tʃe 'stradə 'este a'tʃasta?]
Muestreme dónde estamos ahora.	**Arătaţi-mi unde ne aflăm acum.** [arə'tatsi-mi 'unde ne afləm a'kum]
¿Puedo llegar a pie?	**Pot ajunge acolo pe jos?** [pot a'ʒunʒe a'kolo pe ʒos?]
¿Tiene un mapa de la ciudad?	**Aveţi o hartă a oraşului?** [a'vets' o 'hartə a ora'ʃului?]

¿Cuánto cuesta la entrada?	**Cât costă un bilet de intrare?** [kit 'kostə un bi'let de in'trare?]
¿Se pueden hacer fotos aquí?	**Este permis fotografiatul aici?** [este per'mis fotogra'fjatul a'itʃi?]
¿Está abierto?	**Este deschis?** [este des'kis?]

¿A qué hora abren?

La ce oră deschideți?
[la tʃe 'orə des'kidetsʲ?]

¿A qué hora cierran?

La ce oră închideți?
[la tʃe 'orə in'kidetsʲ?]

Dinero

dinero	**bani** ['bani]
efectivo	**numerar** [nume'rar]
billetes	**bancnote** [bank'note]
monedas	**mărunţiş** [mərun'ʦiʃ]
la cuenta | el cambio | la propina	**notă | rest | bacşiş** [note | rest | bak'ʃiʃ]

la tarjeta de crédito	**card bancar** [kard ban'kar]
la cartera	**portofel** [porto'fel]
comprar	**a cumpăra** [a kumpə'ra]
pagar	**a plăti** [a plə'ti]
la multa	**amendă** [a'mendə]
gratis	**gratis** [gratis]

¿Dónde puedo comprar ...?	**De unde pot cumpăra ...?** [de 'unde pot kumpə'ra ...?]
¿Está el banco abierto ahora?	**Banca este deschisă acum?** [banka 'este des'kise a'kum?]
¿A qué hora abre?	**Când deschide?** [kind des'kide?]
¿A qué hora cierra?	**Când închide?** [kind in'kide?]

¿Cuánto cuesta?	**Cât costă?** [kit 'kostə?]
¿Cuánto cuesta esto?	**Cât costă asta?** [kit 'kostə 'asta?]
Es muy caro.	**Este prea scump.** [este prʲa skump]

Perdone, ¿dónde está la caja?	**Nu vă supăraţi, unde plătesc?** [nu və supə'raʦʲ, 'unde plə'tesk?]
La cuenta, por favor.	**Nota, vă rog.** [nota, və rog]

¿Puedo pagar con tarjeta?

Pot plăti cu cardul?
[pot plə'ti ku 'kardul?]

¿Hay un cajero por aquí?

Există vreun bancomat aici?
[e'gzistə 'vreun banko'mat a'itʃi?]

Busco un cajero automático.

Caut un bancomat.
[kaut un banko'mat]

Busco una oficina de cambio.

Caut un birou de schimb valutar.
[kaut un bi'rou de skimb valu'tar]

Quisiera cambiar …

Aş dori să schimb …
[aʃ do'ri sə skimb …]

¿Cuál es el tipo de cambio?

Care este cursul de schimb?
[kare 'este 'kursul de skimb?]

¿Necesita mi pasaporte?

Vă trebuie paşaportul meu?
[və 'trebuje paʃa'portul 'meu?]

Tiempo

¿Qué hora es?	**Cât este ceasul?** [kit 'este 'ʧasul?]
¿Cuándo?	**Când?** [kind?]
¿A qué hora?	**La ce oră?** [la ʧe 'orə?]
ahora | luego | después de ...	**acum | mai târziu | după ...** [a'kum | maj tir'zju | 'dupə ...]

la una	**ora unu** [ora 'unu]
la una y cuarto	**unu şi un sfert** [unu ʃi un sfert]
la una y medio	**unu şi jumătate** [unu ʃi ʒumə'tate]
las dos menos cuarto	**unu patruzeci şi cinci** [unu patru'zeʧ ʃi 'ʧinʧ]

una | dos | tres	**unu | două | trei** [unu | 'dowə | trej]
cuatro | cinco | seis	**patru | cinci | şase** [patru | 'ʧinʧ | 'ʃase]
siete | ocho | nueve	**şapte | opt | nouă** [ʃapte | opt | 'nowə]
diez | once | doce	**zece | unsprezece | doisprezece** [zeʧe | 'unsprezeʧe | 'dojsprezeʧe]

en ...	**în ...** [in ...]
cinco minutos	**cinci minute** [ʧinʧ mi'nute]
diez minutos	**zece minute** [zeʧe mi'nute]
quince minutos	**cincisprezece minute** [ʧinʧisprezeʧe mi'nute]
veinte minutos	**douăzeci de minute** [dowə'zeʧi de mi'nute]

media hora	**într-o jumătate de oră** [intr-o ʒumə'tate de 'orə]
una hora	**într-o oră** [intr-o 'orə]
por la mañana	**dimineaţa** [dimi'nʲaʦa]

por la mañana temprano	**dimineaţa devreme** [dimi'nʲaţsa de'vreme]
esta mañana	**dimineaţa aceasta** [dimi'nʲaţsa a'ʧasta]
mañana por la mañana	**mâine dimineaţă** [mijne dimi'nʲaʦə]

al mediodía	**la prânz** [la prinz]
por la tarde	**după-masa** ['dupə-'masa]
por la noche	**seara** [sʲara]
esta noche	**diseară** [di'sʲarə]

por la noche	**noaptea** [no'aptʲa]
ayer	**ieri** [jerʲ]
hoy	**azi** [azʲ]
mañana	**mâine** [mijne]
pasado mañana	**poimâine** [po'imiine]

¿Qué día es hoy?	**Ce zi este astăzi?** [ʧe zi 'este astəzʲ?]
Es ...	**Azi este ...** [azʲ 'este ...]
lunes	**Luni** [lunʲ]
martes	**Marţi** [marʦʲ]
miércoles	**Miercuri** [mjerkurʲ]

jueves	**Joi** [ʒoj]
viernes	**Vineri** [vinerʲ]
sábado	**Sâmbătă** [simbətə]
domingo	**Duminică** [du'minikə]

Saludos. Presentaciones.

Hola.

Encantado /Encantada/ de conocerle.

Yo también.

Le presento a ...

Encantado.

Bună ziua.
[bunə 'ziwa]

Îmi pare bine.
[imʲ 'pare 'bine]

Şi mie.
[ʃi 'mie]

Aş vrea să vă fac cunoştinţă cu ...
[aʃ 'vrʲa sə və fak kunoʃ'tintsə ku ...]

Mă bucur de cunoştinţă.
[mə bukur de kunoʃ'tintsə]

¿Cómo está?

Me llamo ...

Se llama ...

Se llama ...

¿Cómo se llama (usted)?

¿Cómo se llama (él)?

¿Cómo se llama (ella)?

Ce mai faceţi?
[tʃe maj 'fatʃetsʲ?]

Mă numesc ...
[mə nu'mesk ...]

El este ...
[el 'este ...]

Ea este ...
[ʲa 'este ...]

Cum vă numiţi?
[kum və nu'mitsʲ?]

Cum se numeşte dumnealui?
[kum se nu'meʃte dum'nalui?]

Cum se numeşte dumneaei?
[kum se nu'meʃte dumna'ej?]

¿Cuál es su apellido?

Puede llamarme ...

¿De dónde es usted?

Yo soy de ....

¿A qué se dedica?

Care este numele dumneavoastră de familie?
[kare 'este 'numele dumnʲavo'astrə de fa'milie?]

Îmi puteţi spune ...
[imʲ pu'tetsʲ 'spune ...]

De unde sunteţi?
[de 'unde 'suntetsʲ?]

Sunt din ...
[sunt din ...]

Cu ce vă ocupaţi?
[ku tʃe və oku'patsʲ?]

¿Quién es?

¿Quién es él?

Cine este acesta /aceasta/?
[tʃine 'este a'tʃesta /a'tʃasta/?]

Cine este el?
[tʃine 'este el?]

¿Quién es ella?	**Cine este ea?** [ʧine 'este ja?]
¿Quiénes son?	**Cine sunt ei /ele/?** [ʧine sunt ej /'ele/?]

Este es …	**Acesta /Aceasta/ este …** [a'ʧesta /a'ʧasta/ 'este …]
mi amigo	**prietenul meu** [pri'etenul 'meu]
mi amiga	**prietena mea** [pri'etena mʲa]
mi marido	**soţul meu** [soʦul 'meu]
mi mujer	**soţia mea** [so'ʦia mʲa]

mi padre	**tatăl meu** [tatəl 'meu]
mi madre	**mama mea** [mama mʲa]
mi hermano	**fratele meu** [fratele 'meu]
mi hermana	**sora mea** [sora mʲa]
mi hijo	**fiul meu** [fjul 'meu]
mi hija	**fiica mea** [fiika mʲa]

Este es nuestro hijo.	**Acesta este fiul nostru.** [a'ʧesta 'este fjul 'nostru]
Esta es nuestra hija.	**Aceasta este fiica noastră.** [a'ʧasta 'este 'fiika no'astrə]
Estos son mis hijos.	**Aceştia sunt copiii mei.** [a'ʧeʃtja sunt ko'piij mej]
Estos son nuestros hijos.	**Aceştia sunt copiii noştri.** [a'ʧeʃtja sunt ko'piij 'noʃtri]

Despedidas

¡Adiós!	**Le revedere!** [le reve'dere!]
¡Chau!	**Pa!** [pa!]
Hasta mañana.	**Pe mâine.** [pe 'miine]
Hasta pronto.	**Pe curând.** [pe ku'rind]
Te veo a las siete.	**Ne vedem la şapte.** [ne ve'dem la 'ʃapte]

¡Que se diviertan!	**Distracţie plăcută!** [dis'traktsie plə'kutə!]
Hablamos más tarde.	**Ne auzim mai târziu.** [ne au'zim maj tir'zju]
Que tengas un buen fin de semana.	**Week-end plăcut.** [wi'kend plə'kut]
Buenas noches.	**Noapte bună.** [no'apte 'bunə]

Es hora de irme.	**E timpul să mă retrag.** [e 'timpul se me re'trag]
Tengo que irme.	**Trebuie să plec.** [trebuje se plek]
Ahora vuelvo.	**Revin imediat.** [re'vin ime'djat]

Es tarde.	**Este târziu.** [este tir'zju]
Tengo que levantarme temprano.	**Trebuie să mă trezesc devreme.** [trebuje se me tre'zesk de'vreme]
Me voy mañana.	**Plec mâine.** [plek 'miine]
Nos vamos mañana.	**Plecăm mâine.** [plekəm 'miine]

¡Que tenga un buen viaje!	**Călătorie plăcută!** [kələto'rie plə'kutə!]
Ha sido un placer.	**Mi-a părut bine de cunoştinţă.** [mia pə'rut 'bine de kunoʃ'tintsə]
Fue un placer hablar con usted.	**Mi-a părut bine să stăm de vorbă.** [mia pə'rut 'bine se stəm de 'vorbə]
Gracias por todo.	**Vă mulţumesc pentru tot.** [və mulʦu'mesk 'pentru tot]

Lo he pasado muy bien.

M-am simţit foarte bine.
[mam sim'tsit fo'arte 'bine]

Lo pasamos muy bien.

Ne-am simţit foarte bine.
[ne-am sim'tsit fo'arte 'bine]

Fue genial.

A fost minunat.
[a fost minu'nat]

Le voy a echar de menos.

O să îţi simt lipsa.
[o sə 'itsʲ simt 'lipsa]

Le vamos a echar de menos.

Îţi vom simţi lipsa.
[itsʲ vom 'simtsʲ 'lipsa]

¡Suerte!

Noroc!
[no'rok!]

Saludos a …

Salută-l pe… /Salut-o pe …/
[sa'lutəl pe… /sa'luto pe …/]

Idioma extranjero

No entiendo. | **Nu înțeleg.**
[nu intse'leg]

Escríbalo, por favor. | **Scrieți pe ceva, vă rog.**
[skri'etsʲ pe tʃe'va, və rog]

¿Habla usted ...? | **Vorbiți ...?**
[vor'bitsʲ ...?]

Hablo un poco de ... | **Vorbesc puțină ...**
[vor'besk pu'tsinə ...]

inglés | **engleză**
[en'glezə]

turco | **turcă**
['turkə]

árabe | **arabă**
[a'rabə]

francés | **franceză**
[fran'tʃezə]

alemán | **germană**
[dʒer'manə]

italiano | **italiană**
[itali'anə]

español | **spaniolă**
[spa'njolə]

portugués | **portugheză**
[portu'gezə]

chino | **chineză**
[ki'nezə]

japonés | **japoneză**
[ʒapo'nezə]

¿Puede repetirlo, por favor? | **Vă rog să repetați.**
[və rog sə repe'tatsʲ]

Lo entiendo. | **Am înțeles.**
[am intse'les]

No entiendo. | **Nu înțeleg.**
[nu intse'leg]

Hable más despacio, por favor. | **Vă rog să vorbiți mai rar.**
[və rog sə vor'bitsʲ maj rar]

¿Está bien? | **Așa se spune?**
[a'ʃa se 'spune?]

¿Qué es esto? (¿Que significa esto?) | **Ce e asta?**
[tʃe e 'asta?]

Disculpas

Perdone, por favor.	**Îmi cer scuze.** [imʲ tʃer 'skuze]
Lo siento.	**Îmi pare rău.** [imʲ 'pare rəu]
Lo siento mucho.	**Îmi pare foarte rău.** [imʲ 'pare fo'arte rəu]
Perdón, fue culpa mía.	**Scuze, este vina mea.** [skuze, 'este 'vina mʲa]
Culpa mía.	**Am greşit.** [am gre'ʃit]

¿Puedo ...?	**Aş putea ...?** [aʃ pu'tʲa ...?]
¿Le molesta si ...?	**Vă deranjează dacă ...?** [və deran'ʒʲazə 'dakə ...?]
¡No hay problema! (No pasa nada.)	**Nu face nimic.** [nu 'fatʃe ni'mik]
Todo está bien.	**Este în regulă.** [este in 'regulə]
No se preocupe.	**Nu aveţi pentru ce.** [nu a'vetsʲ 'pentru tʃe]

Acuerdos

Sí.	**Da.** [da]
Sí, claro.	**Da, desigur.** [da, de'sigur]
Bien.	**Bine!** ['bine!]
Muy bien.	**Foarte bine.** [fo'arte 'bine]
¡Claro que sí!	**Cu siguranţă!** [ku sigu'rantsə!]
Estoy de acuerdo.	**Sunt de acord.** [sunt de a'kord]
Es verdad.	**Corect.** [ko'rekt]
Es correcto.	**Aşa e.** [a'ʃa e]
Tiene razón.	**Ai dreptate.** [aj drep'tate]
No me molesta.	**Nu mă deranjează.** [nu mə deran'ʒazə]
Es completamente cierto.	**Fix aşa.** [fiks aʃa]
Es posible.	**Poate.** [po'ate]
Es una buena idea.	**E o idee bună.** [e o i'dee 'bunə]
No puedo decir que no.	**Nu pot să refuz.** [nu pot sə re'fuz]
Estaré encantado /encantada/.	**Mi-ar face plăcere.** [mi-ar 'fatʃe plə'tʃere]
Será un placer.	**Cu plăcere.** [ku plə'tʃere]

Rechazo. Expresar duda

No.

Nu.
[nu]

Claro que no.

Cu siguranţă nu.
[ku sigu'ranʦə nu]

No estoy de acuerdo.

Nu sunt de acord.
[nu sunt de a'kord]

No lo creo.

Nu cred.
[nu kred]

No es verdad.

Nu e adevărat.
[nu e adevə'rat]

No tiene razón.

Vă înşelaţi.
[və inʃe'laʦ^j]

Creo que no tiene razón.

Cred că faceţi o greşeală.
[kred ʧə 'faʧeʦ^j o gre'ʃ^jalə]

No estoy seguro /segura/.

Nu sunt sigur.
[nu sunt si'gur /si'gurə/]

No es posible.

Este imposibil.
[este impo'sibil]

¡Nada de eso!

Nici vorbă!
[niʧi 'vorbə!]

Justo lo contrario.

Exact pe dos.
[e'gzakt pe dos]

Estoy en contra de ello.

Sunt împotrivă.
[sunt impo'trivə]

No me importa. (Me da igual.)

Nu-mi pasă.
[nu-mi 'pasə]

No tengo ni idea.

Nu am idee.
[nu am i'dee]

Dudo que sea así.

Mă cam îndoiesc.
[mə kam indo'jesk]

Lo siento, no puedo.

Îmi pare rău, nu pot.
[im^j 'pare rəu, nu pot]

Lo siento, no quiero.

Îmi pare rău, nu vreau.
[im^j 'pare rəu, nu 'vr^jau]

Gracias, pero no lo necesito.

Mulţumesc dar nu am nevoie.
[mulʦu'mesk dar nu am ne'voje]

Ya es tarde.

Se face târziu.
[se 'faʧe tir'zju]

Tengo que levantarme temprano. **Trebuie să mă trezesc devreme.**
[trebuje sə mə tre'zesk de'vreme]

Me encuentro mal. **Nu mă simt bine.**
[nu mə simt 'bine]

Expresar gratitud

Gracias.	**Mulţumesc.** [mulţsu'mesk]
Muchas gracias.	**Vă mulţumesc foarte mult.** [və mulţsu'mesk fo'arte mult]
De verdad lo aprecio.	**Mulţumesc frumos.** [mulţsu'mesk fru'mos /frumo'asə/]
Se lo agradezco.	**Vă sunt recunoscător /recunoscătoare/.** [və sunt rekunoskə'tor /rekunoskəto'are/]
Se lo agradecemos.	**Vă suntem recunoscători.** [və 'suntem rekunoskə'tori]
Gracias por su tiempo.	**Vă mulţumesc pentru timpul acordat.** [və mulţsu'mesk 'pentru 'timpul akor'dat]
Gracias por todo.	**Mulţumesc pentru tot.** [mulţsu'mesk 'pentru tot]
Gracias por …	**Mulţumesc pentru …** [mulţsu'mesk 'pentru …]
su ayuda	**ajutor** [aʒu'tor]
tan agradable momento	**timpul petrecut împreună** [timpul petre'kut imprə'unə]
una comida estupenda	**o masă excelentă** [o 'masə ekstʃe'lentə]
una velada tan agradable	**o seară plăcută** [o 's'arə plə'kutə]
un día maravilloso	**o zi minunată** [o zi minu'natə]
un viaje increíble	**o călătorie extraordinară** [o kələto'rie ekstraordi'narə]
No hay de qué.	**Nu aveţi pentru ce.** [nu a'veţs' 'pentru tʃe]
De nada.	**Cu plăcere.** [ku plə'tʃere]
Siempre a su disposición.	**Oricând.** [ori'kind]
Encantado /Encantada/ de ayudarle.	**Plăcerea este de partea mea.** [plə'tʃer'a 'este de 'part'a m'a]

No hay de qué.	**N-ai pentru ce.** [naj 'pentru ʧe]
No tiene importancia.	**Pentru puțin.** [pentru put'sin]

Felicitaciones , Mejores Deseos

¡Felicidades!	**Felicitări!** [felitʃi'tɛri!]
¡Feliz Cumpleaños!	**La mulţi ani!** [la 'mulʦʲ anʲ!]
¡Feliz Navidad!	**Crăciun fericit!** [krə'ʧiun feri'ʧit!]
¡Feliz Año Nuevo!	**Un An Nou fericit!** [un an nou feri'ʧit!]

¡Felices Pascuas!	**Paşte fericit!** [paʃte feri'ʧit!]
¡Feliz Hanukkah!	**Hanuka fericită!** [hanuka feri'ʧitə!]

Quiero brindar.	**Aş dori să închin în toast.** [aʃ do'ri sə in'kin in tost]
¡Salud!	**Noroc!** [no'rok!]
¡Brindemos por ...!	**Să bem pentru ...!** [sə bem 'pentru ...!]
¡A nuestro éxito!	**Pentru succesul nostru!** [pentru suk'ʧesul 'nostru!]
¡A su éxito!	**Pentru succesul dumneavoastră!** [pentru suk'ʧesul dumnʲavo'astrə!]

¡Suerte!	**Baftă!** ['baftə!]
¡Que tenga un buen día!	**Să aveţi o zi frumoasă!** [sə a'vetsʲ o zi frumo'asə!]
¡Que tenga unas buenas vacaciones!	**Vacanţă plăcută!** [va'kantsə plə'kutə!]
¡Que tenga un buen viaje!	**Drum bun!** [drum bun!]
¡Espero que se recupere pronto!	**Multă sănătate!** [multə sənə'tate!]

Socializarse

¿Por qué está triste?	**De ce eşti supărat /supărată/?** [de ʧe 'eʃtʲ supə'rat /supə'ratə/?]
¡Sonría! ¡Anímese!	**Zâmbeşte!** [zɨm'beʃte!]
¿Está libre esta noche?	**Eşti liber /liberă/ în seara asta?** [eʃtʲ 'liber /'liberə/ ɨn 'sʲara 'asta?]

¿Puedo ofrecerle algo de beber?	**Pot să îţi fac cinste cu o băutură?** [pot sə 'iʦʲ fak 'ʧinste ku o bəu'turə?]
¿Querría bailar conmigo?	**Vrei să dansezi?** [vrej sə dan'sezi?]
Vamos a ir al cine.	**Hai să mergem la film.** [haj sə 'merʤem la film]

¿Puedo invitarle a ...?	**Pot să te invit la ...?** [pot sə te in'vit la ...?]
un restaurante	**un restaurant** [un restau'rant]
el cine	**film** [film]
el teatro	**teatru** [te'atru]
dar una vuelta	**o plimbare** [o plim'bare]

¿A qué hora?	**La ce oră?** [la ʧe 'orə?]
esta noche	**diseară** [di'sʲarə]
a las seis	**la şase** [la 'ʃase]
a las siete	**la şapte** [la 'ʃapte]
a las ocho	**la opt** [la opt]
a las nueve	**la nouă** [la 'nowə]

¿Le gusta este lugar?	**Îţi place aici?** [iʦʲ 'plaʧie a'iʧi?]
¿Está aquí con alguien?	**Eşti cu cineva?** [eʃtʲ ku ʧine'va?]
Estoy con mi amigo /amiga/.	**Sunt cu un prieten /o prietenă/.** [sunt ku un pri'eten /o pri'etenə/]

Estoy con amigos.	**Sunt cu niște prieteni.** [sunt ku 'niʃte pri'etenj]
No, estoy solo /sola/.	**Nu, sunt singur /singură/.** [nu, sunt 'singur /'singurə/]

¿Tienes novio?	**Ai prieten?** [aj pri'eten?]
Tengo novio.	**Am prieten.** [am pri'eten]
¿Tienes novia?	**Ai prietenă?** [aj pri'etenə?]
Tengo novia.	**Am prietenă.** [am pri'etenə]

¿Te puedo volver a ver?	**Pot să te mai văd?** [pot sə te maj vəd?]
¿Te puedo llamar?	**Pot să te sun?** [pot sə te sun?]
Llámame.	**Sună-mă.** ['sunə-mə]
¿Cuál es tu número?	**Care este numărul tău de telefon?** [kare 'este 'numərul təu de tele'fon?]
Te echo de menos.	**Mi-e dor de tine.** [mi-e dor de 'tine]

¡Qué nombre tan bonito!	**Ce nume frumos ai.** [tʃe 'nume 'frumos aj]
Te quiero.	**Te iubesc.** [te ju'besk]
¿Te casarías conmigo?	**Vrei să fii soția mea?** [vrej sə fii sot'sia mʲa?]
¡Está de broma!	**Glumești!** [glu'meʃti!]
Sólo estoy bromeando.	**Glumeam.** [glu'mʲam]

¿En serio?	**Vorbiți serios?** [vor'bitsʲ se'rjos?]
Lo digo en serio.	**Vorbesc serios.** [vor'besk se'rjos]
¿De verdad?	**Serios?!** [se'rjos?!]
¡Es increíble!	**Incredibil!** [inkre'dibil!]
No le creo.	**Nu vă cred.** [nu və kred]
No puedo.	**Nu pot.** [nu pot]
No lo sé.	**Nu știu.** [nu 'ʃtiu]
No le entiendo.	**Nu vă înțeleg.** [nu və intse'leg]

Váyase, por favor.	**Vă rog să plecaţi.**
	[və rog sə ple'kaţsʲ]
¡Déjeme en paz!	**Lăsaţi-mă în pace!**
	[lə'saţsi-mə in 'paʧe!]

Es inaguantable.	**Nu pot să îl sufăr.**
	[nu pot sə il 'sufər]
¡Es un asqueroso!	**Sunteţi enervant!**
	[sun'teʦʲ ener'vant!]
¡Llamaré a la policía!	**Chem poliţia!**
	[kem po'liʦja!]

Compartir impresiones. Emociones

Me gusta.	**Îmi place.** [imʲ 'platʃe]
Muy lindo.	**Foarte drăguț.** [fo'arte drə'guts]
¡Es genial!	**Minunat!** [minu'nat!]
No está mal.	**Nu e rău.** [nu e rəu]

No me gusta.	**Nu îmi place.** [nu imj 'platʃe]
No está bien.	**Nu e bine.** [nu e 'bine]
Está mal.	**E grav.** [e grav]
Está muy mal.	**E foarte grav.** [e fo'arte grav]
¡Qué asco!	**E dezgustător.** [e dezgustə'tor]

Estoy feliz.	**Sunt fericit /fericită/.** [sunt feri'tʃit /feri'tʃitə/]
Estoy contento /contenta/.	**Sunt mulțumit /mulțumită/.** [sunt multsu'mit /multsu'mitə/]
Estoy enamorado /enamorada/.	**Sunt îndrăgostit /îndrăgostită/.** [sunt indrəgos'tit /indrəgos'titə/]
Estoy tranquilo.	**Sunt calm /calmă/.** [sunt kalm /'kalmə/]
Estoy aburrido.	**Mă plictisesc.** [mə plikti'sesk]

Estoy cansado /cansada/.	**Sunt obosit /obosită/.** [sunt obo'sit /obo'sitə/]
Estoy triste.	**Sunt trist /tristă/.** [sunt trist /'tristə/]
Estoy asustado.	**Mi-e frică.** [mi-e 'frikə]
Estoy enfadado /enfadada/.	**Sunt nervos /nervoasă/.** [sunt ner'vos /nervo'asə/]

Estoy preocupado /preocupada/.	**Sunt îngrijorat /îngrijorată/.** [sunt ingriʒo'rat /ingriʒo'ratə/]
Estoy nervioso /nerviosa/.	**Sunt neliniștit /neliniștită/.** [sunt neliniʃ'tit /neliniʃ'titə/]

Estoy celoso /celosa/.

Sunt gelos /geloasă/.
[sunt ʤe'los /ʤelo'asə/]

Estoy sorprendido /sorprendida/.

Sunt surprins /surprinsă/.
[sunt sur'prins /sur'prinsə/]

Estoy perplejo /perpleja/.

Sunt nedumerit /nedumerită/.
[sunt nedume'rit /nedume'ritə/]

Problemas, Accidentes

Tengo un problema.	**Am o problemă.** [am o pro'blemə]
Tenemos un problema.	**Avem o problemă.** [a'vem o pro'blemə]
Estoy perdido /perdida/.	**M-am rătăcit.** [mam rətə'ʧit]
Perdi el último autobús (tren).	**Am pierdut ultimul autobuz (tren).** [am 'pjerdut 'ultimul auto'buz (tren)]
No me queda más dinero.	**Am rămas fără niciun ban.** [am rə'mas 'fərə 'niʧiun ban]

He perdido ...	**Mi-am pierdut ...** [mi-am 'pjerdut ...]
Me han robado ...	**Cineva mi-a furat ...** [ʧine'va mi-a fu'rat ...]
mi pasaporte	**paşaportul** [paʃa'portul]
mi cartera	**portofelul** [porto'felul]
mis papeles	**actele** ['aktele]
mi billete	**biletul** [bi'letul]

mi dinero	**banii** ['banii]
mi bolso	**geanta** [ʤanta]
mi cámara	**aparat foto** [apa'rat 'foto]
mi portátil	**laptopul** [ləp'topul]
mi tableta	**tableta** [tab'leta]
mi teléfono	**telefonul mobil** [tele'fonul mo'bil]

¡Ayúdeme!	**Ajutaţi-mă!** [aʒu'taʦi-mə!]
¿Qué pasó?	**Ce s-a întâmplat?** [ʧe sa intim'plat?]
el incendio	**incendiu** [in'ʧendju]

un tiroteo	**împușcături** [împuʃkə'turi]
el asesinato	**crimă** ['krimə]
una explosión	**explozie** [eks'plozie]
una pelea	**luptă** ['luptə]

¡Llame a la policía!	**Chemați poliția!** [ke'maʦ po'liʦja!]
¡Más rápido, por favor!	**Grabiți-vă, vă rog!** [gra'biʦi-və, və rog!]
Busco la comisaría.	**Caut secția de poliție.** [kaut 'sekʦja de po'liʦje]
Tengo que hacer una llamada.	**Trebuie să dau un telefon.** [trebuje sə dau un tele'fon]
¿Puedo usar su teléfono?	**Pot folosi telefonul dumneavoastră?** [pot folo'si tele'fonul dumnʲavo'astrə?]

Me han ...	**Am fost ...** [am fost ...]
asaltado /asaltada/	**tâlhărit /tâlhărită/** [tɨlhə'rit /tɨlhə'ritə/]
robado /robada/	**jefuit /jefuită/** [ʒefu'it /ʒefu'itə/]
violada	**violată** [vio'latə]
atacado /atacada/	**atacat /atacată/** [ata'kat /ata'katə/]

¿Se encuentra bien?	**Sunteți bine?** [sun'teʦ 'bine?]
¿Ha visto quien a sido?	**Ați văzut cine era?** [aʦ və'zut ʧine e'ra?]
¿Sería capaz de reconocer a la persona?	**Ați fi în stare să recunoaşteți făptaşul?** [aʦ fi in 'stare sə re'kunoaʃteʦi fəpta'ʃul?]
¿Está usted seguro?	**Sunteți sigur /sigură/?** [sun'teʦ 'sigur /'sigurə/?]

Por favor, cálmese.	**Vă rog să vă calmați.** [və rog sə və kal'maʦ]
¡Cálmese!	**Liniştiți-vă!** [lini'ʃtiʦi-və!]
¡No se preocupe!	**Nu vă faceți griji!** [nu və 'faʧeʦ griʒʲ!]
Todo irá bien.	**Totul va fi bine.** [totul va fi 'bine]
Todo está bien.	**Totul este în regulă.** [totul 'este in 'regulə]

Venga aquí, por favor.

Veniți aici, vă rog.
[ve'niţsi a'itʃi, və rog]

Tengo unas preguntas para usted.

Am câteva întrebări pentru dumneavoastră.
[am kite'va intre'bɛrj 'pentru dumnʲavo'astrə]

Espere un momento, por favor.

Așteptați o clipă, vă rog.
[aʃtep'tatsʲ o 'klipə, və rog]

¿Tiene un documento de identidad?

Aveți vreun act de identitate?
[a'vetsʲ 'vreun akt de identi'tate?]

Gracias. Puede irse ahora.

Mulțumesc. Puteți pleca acum.
[mulţsu'mesk. Pu'tetsʲ ple'ka a'kum]

¡Manos detrás de la cabeza!

Mâinile la ceafă!
[mijnile la 'ʧafə!]

¡Está arrestado!

Sunteți arestat /arestată/!
[sun'tetsʲ ares'tat /ares'tatə/!]

Problemas de salud

Ayudeme, por favor.	**Vă rog să mă ajutați.** [və rog sə mə aʒu'tatsʲ]
No me encuentro bien.	**Mi-e rău.** [mi-e 'rəu]
Mi marido no se encuentra bien.	**Soțului meu îi este rău.** [sotsului 'meu ɨi 'este rəu]
Mi hijo ...	**Fiului meu ...** [fjului 'meu ...]
Mi padre ...	**Tatălui meu ...** [tatəlui 'meu ...]
Mi mujer no se encuentra bien.	**Soției mele îi este rău.** [so'tsiej 'mele ɨi 'este rəu]
Mi hija ...	**Fiicei mele ...** [fiitʃej 'mele ...]
Mi madre ...	**Mamei mele ...** [mamej 'mele ...]
Me duele ...	**Mă doare ...** [mə do'are ...]
la cabeza	**capul** ['kapul]
la garganta	**în gât** [ɨn gɨt]
el estómago	**stomacul** [sto'makul]
un diente	**o măsea** [o mə'sʲa]
Estoy mareado.	**Sunt amețit /amețită/.** [sunt ame'tsit /ame'tsitə/]
Él tiene fiebre.	**El are febră.** [el are 'febrə]
Ella tiene fiebre.	**Ea are febră.** [ja are 'febrə]
No puedo respirar.	**Nu pot să respir.** [nu pot sə res'pir]
Me ahogo.	**Respir greu.** [res'pir 'greu]
Tengo asma.	**Am astm.** [am astm]
Tengo diabetes.	**Am diabet.** [am dia'bet]

No puedo dormir.

Nu pot să form.
[nu pot sə form]

intoxicación alimentaria

intoxicaţie alimentară
[intoksi'katsie alimen'tarə]

Me duele aquí.

Mă doare aici.
[mə do'are a'itʃi]

¡Ayúdeme!

Ajutor!
[aʒu'tor!]

¡Estoy aquí!

Sunt aici!
[sunt a'itʃi!]

¡Estamos aquí!

Suntem aici!
[suntem a'itʃi!]

¡Saquenme de aquí!

Scoateţi-mă de aici!
[skoa'tetsi-mə de a'itʃi!]

Necesito un médico.

Am nevoie de un doctor.
[am ne'voje de un dok'tor]

No me puedo mover.

Nu pot să mă mişc.
[nu pot sə mə miʃk]

No puedo mover mis piernas.

Nu îmi pot mişca picioarele.
[nu imj pot 'miʃka pitʃio'arele]

Tengo una herida.

Sunt rănit /rănită/.
[sunt rə'nit /rə'nitə/]

¿Es grave?

Este grav?
[este grav?]

Mis documentos están en mi bolsillo.

Actele mele sunt în buzunar.
[aktele 'mele sunt in buzu'nar]

¡Cálmese!

Calmaţi-vă!
[kal'matsi-və!]

¿Puedo usar su teléfono?

Pot folosi telefonul dumneavoastră?
[pot folo'si tele'fonul dumnʲavo'astrə?]

¡Llame a una ambulancia!

Chemaţi o ambulanţă!
[ke'matsʲ o ambu'lantsə!]

¡Es urgente!

Este urgent!
[este ur'dʒent!]

¡Es una emergencia!

Este o urgenţă!
[este o ur'dʒentsə!]

¡Más rápido, por favor!

Grabiţi-vă, vă rog!
[gra'bitsi-və, və rog!]

¿Puede llamar a un médico, por favor?

Vreţi să chemaţi un doctor?
[vretsʲ sə ke'matsʲ un 'doktor?]

¿Dónde está el hospital?

Unde este spitalul?
[unde 'este spi'talul?]

¿Cómo se siente?

Cum vă simţiţi?
[kum və sim'tsitsʲ?]

¿Se encuentra bien?

Sunteţi bine?
[sun'tetsʲ 'bine?]

¿Qué pasó?

Ce s-a întâmplat?
[tʃe sa intim'plat?]

Me encuentro mejor.

Mă simt mai bine acum.
[me simt maj 'bine a'kum]

Está bien.

E bine.
[e 'bine]

Todo está bien.

E în regulă.
[e in 'regule]

En la farmacia

la farmacia	**farmacie** [farma'tʃie]
la farmacia 24 horas	**farmacie non-stop** [farma'tʃie non-stop]
¿Dónde está la farmacia más cercana?	**Unde este cea mai apropiată farmacie?** [unde 'este tʃa maj apro'pjatə farma'tʃie?]

¿Está abierta ahora?	**Este deschis acum?** [este des'kis a'kum?]
¿A qué hora abre?	**La ce oră deschide?** [la tʃe 'orə des'kide?]
¿A qué hora cierra?	**La ce oră închide?** [la tʃe 'orə in'kide?]

¿Está lejos?	**Este departe?** [este de'parte?]
¿Puedo llegar a pie?	**Pot merge pe jos până acolo?** [pot 'merdʒe pe ʒos 'pinə a'kolo?]
¿Puede mostrarme en el mapa?	**Îmi puteți arăta pe hartă?** [imʲ pu'tetsʲ arə'ta pe 'hartə?]

Por favor, deme algo para …	**Vă rog să îmi dați ceva pentru …** [və rog sə imʲ 'datsʲ tʃe'va 'pentru …]
un dolor de cabeza	**durere de cap** [du'rere de kap]
la tos	**tuse** ['tuse]
el resfriado	**răceală** [rə'tʃalə]
la gripe	**gripă** ['gripə]

la fiebre	**febră** ['febrə]
un dolor de estomago	**durere de stomac** [du'rere de sto'mak]
nauseas	**greață** [grʲatsə]
la diarrea	**diaree** [dia'ree]
el estreñimiento	**constipație** [konsti'patsie]

un dolor de espalda	**durere de spate** [du'rere de 'spate]
un dolor de pecho	**durere în piept** [du'rere in pjept]
el flato	**junghi lateral** [ʒungⁱ late'ral]
un dolor abdominal	**durere abdominală** [du'rere abdomi'nale]

la píldora	**pastilă** [pas'tile]
la crema	**unguent, cremă** [ungu'ent, 'kreme]
el jarabe	**sirop** [si'rop]
el spray	**spray** [spraj]
las gotas	**dropsuri** [dropsurⁱ]

Tiene que ir al hospital.	**Trebuie să mergeți la spital.** [trebuje se mer'dʒetsⁱ la spi'tal]
el seguro de salud	**asigurare de sănătate** [asigu'rare de səne'tate]
la receta	**rețetă** [re'tsete]
el repelente de insectos	**produs anti insecte** [pro'dus 'anti in'sekte]
la curita	**plasture** ['plasture]

Lo más imprescindible

Perdone, …	**Nu vă supărați, …** [nu və supə'raʦʲ, …]
Hola.	**Buna ziua.** [buna 'ziwa]
Gracias.	**Mulțumesc.** [mulʦu'mesk]

Sí.	**Da.** [da]
No.	**Nu.** [nu]
No lo sé.	**Nu ştiu.** [nu 'ʃtiu]
¿Dónde? | ¿A dónde? | ¿Cuándo?	**Unde? | Încotro? | Când?** [unde? | inko'tro? | kind?]

Necesito …	**Am nevoie de …** [am ne'voje de …]
Quiero …	**Vreau …** [vrʲau …]
¿Tiene …?	**Aveți …?** [a'veʦʲ …?]
¿Hay … por aquí?	**Există … aici?** [e'gzistə … a'itʃi?]
¿Puedo …?	**Pot …?** [pot …?]
…, por favor? (petición educada)	**…, vă rog** […, və rog]

Busco …	**Caut …** [kaut …]
el servicio	**o toaletă** [o toa'letə]
un cajero automático	**un bancomat** [un banko'mat]
una farmacia	**o farmacie** [o farma'tʃie]
el hospital	**un spital** [un spi'tal]

la comisaría	**o secție de poliție** [o 'sekʦie de po'liʦsie]
el metro	**un metrou** [un me'trou]

un taxi	**un taxi**
	[un ta'ksi]
la estación de tren	**o gară**
	[o 'garə]

Me llamo ...	**Numele meu este ...**
	[numele 'meu 'este ...]
¿Cómo se llama?	**Cum vă numiți?**
	[kum və nu'mitsʲ?]
¿Puede ayudarme, por favor?	**Mă puteți ajuta, vă rog?**
	[mə pu'tetsʲ aʒu'ta, və rog?]
Tengo un problema.	**Am o problemă.**
	[am o pro'blemə]
Me encuentro mal.	**Mi-e rău.**
	[mi-e 'rəu]
¡Llame a una ambulancia!	**Chemați o ambulanță!**
	[ke'matsʲ o ambu'lantsə!]
¿Puedo llamar, por favor?	**Pot să dau un telefon?**
	[pot sə dau un tele'fon?]

Lo siento.	**Îmi pare rău.**
	[imʲ 'pare rəu]
De nada.	**Cu plăcere.**
	[ku plə'tʃere]

Yo	**Eu**
	[eu]
tú	**tu**
	[tu]
él	**el**
	[el]
ella	**ea**
	[ja]
ellos	**ei**
	[ej]
ellas	**ele**
	['ele]
nosotros /nosotras/	**noi**
	[noj]
ustedes, vosotros	**voi**
	[voj]
usted	**dumneavoastră**
	[dumnʲavo'astrə]

ENTRADA	**INTRARE**
	[in'trare]
SALIDA	**IEŞIRE**
	[je'ʃire]
FUERA DE SERVICIO	**DEFECT**
	[de'fekt]
CERRADO	**ÎNCHIS**
	[in'kis]

ABIERTO

DESCHIS
[des'kis]

PARA SEÑORAS

PENTRU FEMEI
[pentru fe'mej]

PARA CABALLEROS

PENTRU BĂRBAŢI
[pentru bər'batsⁱ]

DICCIONARIO CONCISO

Esta sección contiene más
de 1.500 palabras útiles.
El diccionario incluye muchos
términos gastronómicos
y será de gran ayuda para
pedir alimentos en un
restaurante o comprando
comestibles en la tienda

T&P Books Publishing

CONTENIDO
DEL DICCIONARIO

tiempo (m)	timp (m)	[timp]
hora (f)	oră (f)	['orə]
media hora (f)	jumătate de oră	[ʒumə'tate de 'orə]
minuto (m)	minut (n)	[mi'nut]
segundo (m)	secundă (f)	[se'kundə]

hoy (adv)	astăzi	['astəzi]
mañana (adv)	mâine	['mijne]
ayer (adv)	ieri	[jeri]

lunes (m)	luni (f)	[luni]
martes (m)	marţi (f)	['martsi]
miércoles (m)	miercuri (f)	['merkuri]
jueves (m)	joi (f)	[ʒoj]
viernes (m)	vineri (f)	['vineri]
sábado (m)	sâmbătă (f)	['simbətə]
domingo (m)	duminică (f)	[du'minikə]

día (m)	zi (f)	[zi]
día (m) de trabajo	zi (f) de lucru	[zi de 'lukru]
día (m) de fiesta	zi (f) de sărbătoare	[zi de sərbəto'are]
fin (m) de semana	zile (f pl) de odihnă	['zile de o'dihnə]

semana (f)	săptămână (f)	[səptə'minə]
semana (f) pasada	săptămâna trecută	[səptə'mina tre'kutə]
semana (f) que viene	săptămâna viitoare	[səptə'mina viito'are]

| salida (f) del sol | răsărit (n) | [rəsə'rit] |
| puesta (f) del sol | apus (n) | [a'pus] |

por la mañana	dimineaţa	[dimi'niatsa]
por la tarde	după masă	['dupə 'masə]
por la noche	seara	['siara]
esta noche (p.ej. 8:00 p.m.)	astă-seară	['astə 'siarə]
por la noche	noaptea	[no'aptia]
medianoche (f)	miezul (n) nopţii	['mezul 'noptsij]

enero (m)	ianuarie (m)	[janu'arie]
febrero (m)	februarie (m)	[febru'arie]
marzo (m)	martie (m)	['martie]
abril (m)	aprilie (m)	[a'prilie]
mayo (m)	mai (m)	[maj]
junio (m)	iunie (m)	['junie]
julio (m)	iulie (m)	['julie]

agosto (m)	**august** (m)	['august]
septiembre (m)	**septembrie** (m)	[sep'tembrie]
octubre (m)	**octombrie** (m)	[ok'tombrie]
noviembre (m)	**noiembrie** (m)	[no'embrie]
diciembre (m)	**decembrie** (m)	[de'ʧembrie]
en primavera	**primăvara**	[primə'vara]
en verano	**vara**	['vara]
en otoño	**toamna**	[to'amna]
en invierno	**iarna**	['jarna]
mes (m)	**lună** (f)	['lunə]
estación (f)	**sezon** (n)	[se'zon]
año (m)	**an** (m)	[an]
siglo (m)	**veac** (n)	[vʲak]

2. Números. Los numerales

cifra (f)	**cifră** (f)	['ʧifrə]
número (m) (~ cardinal)	**număr** (n)	['numər]
menos (m)	**minus** (n)	['minus]
más (m)	**plus** (n)	[plus]
suma (f)	**sumă** (f)	['sumə]
primero (adj)	**primul**	['primul]
segundo (adj)	**al doilea**	[al 'dojlʲa]
tercero (adj)	**al treilea**	[al 'trejlʲa]
cero	**zero**	['zero]
uno	**unu**	['unu]
dos	**doi**	[doj]
tres	**trei**	[trej]
cuatro	**patru**	['patru]
cinco	**cinci**	[ʧinʧ]
seis	**şase**	['ʃase]
siete	**şapte**	['ʃapte]
ocho	**opt**	[opt]
nueve	**nouă**	['nowə]
diez	**zece**	['zeʧe]
once	**unsprezece**	['unsprezeʧe]
doce	**doisprezece**	['dojsprezeʧe]
trece	**treisprezece**	['trejsprezeʧe]
catorce	**paisprezece**	['pajsprezeʧe]
quince	**cincisprezece**	['ʧinʧsprezeʧe]
dieciséis	**şaisprezece**	['ʃajsprezeʧe]
diecisiete	**şaptesprezece**	['ʃaptesprezeʧe]
dieciocho	**optsprezece**	['optsprezeʧe]

diecinueve	nouăsprezece	['nowəsprezetʃe]
veinte	douăzeci	[dowə'zetʃi]
treinta	treizeci	[trej'zetʃi]
cuarenta	patruzeci	[patru'zetʃi]
cincuenta	cincizeci	[tʃintʃ'zetʃ]
sesenta	şaizeci	[ʃaj'zetʃi]
setenta	şaptezeci	[ʃapte'zetʃi]
ochenta	optzeci	[opt'zetʃi]
noventa	nouăzeci	[nowe'zetʃi]
cien	o sută	[o 'sutə]
doscientos	două sute	['dowə 'sute]
trescientos	trei sute	[trej 'sute]
cuatrocientos	patru sute	['patru 'sute]
quinientos	cinci sute	[tʃintʃ 'sute]
seiscientos	şase sute	['ʃase 'sute]
setecientos	şapte sute	['ʃapte 'sute]
ochocientos	opt sute	[opt 'sute]
novecientos	nouă sute	['nowə 'sute]
mil	o mie	[o 'mie]
diez mil	zece mii	['zetʃe mij]
cien mil	o sută de mii	[o 'sutə de mij]
millón (m)	milion (n)	[mi'ljon]
mil millones	miliard (n)	[mi'ljard]

3. El ser humano. Los familiares

hombre (m) (varón)	bărbat (m)	[bər'bat]
joven (m)	tânăr (m)	['tinər]
adolescente (m)	adolescent (m)	[adoles'tʃent]
mujer (f)	femeie (f)	[fe'meje]
muchacha (f)	domnişoară (f)	[domniʃo'arə]
edad (f)	vârstă (f)	['virstə]
adulto	adult (m)	[a'dult]
de edad media (adj)	de vârstă medie	[de 'virstə 'medie]
anciano, mayor (adj)	în vârstă	[in 'virstə]
viejo (adj)	bătrân	[bə'trin]
anciano (m)	bătrân (m)	[bə'trin]
anciana (f)	bătrână (f)	[bə'trinə]
jubilación (f)	pensie (f)	['pensie]
jubilarse	a se pensiona	[a se pensio'na]
jubilado (m)	pensionar (m)	[pensio'nar]
madre (f)	mamă (f)	['mamə]
padre (m)	tată (m)	['tatə]
hijo (m)	fiu (m)	['fju]

hija (f)	**fiică** (f)	['fiikə]
hermano (m)	**frate** (m)	['frate]
hermana (f)	**soră** (f)	['sorə]
padres (pl)	**părinți** (m pl)	[pə'rintsʲ]
niño -a (m, f)	**copil** (m)	[ko'pil]
niños (pl)	**copii** (m pl)	[ko'pij]
madrastra (f)	**mamă vitregă** (f)	['mamə 'vitregə]
padrastro (m)	**tată vitreg** (m)	['tatə 'vitreg]
abuela (f)	**bunică** (f)	[bu'nikə]
abuelo (m)	**bunic** (m)	[bu'nik]
nieto (m)	**nepot** (m)	[ne'pot]
nieta (f)	**nepoată** (f)	[nepo'atə]
nietos (pl)	**nepoți** (m pl)	[ne'potsʲ]
tío (m)	**unchi** (m)	[unkʲ]
tía (f)	**mătușă** (f)	[mə'tuʃə]
sobrino (m)	**nepot** (m)	[ne'pot]
sobrina (f)	**nepoată** (f)	[nepo'atə]
mujer (f)	**soție** (f)	[so'tsie]
marido (m)	**soț** (m)	[sots]
casado (adj)	**căsătorit**	[kəsəto'rit]
casada (adj)	**căsătorită**	[kəsəto'ritə]
viuda (f)	**văduvă** (f)	[vəduvə]
viudo (m)	**văduv** (m)	[vəduv]
nombre (m)	**prenume** (n)	[pre'nume]
apellido (m)	**nume** (n)	['nume]
pariente (m)	**rudă** (f)	['rudə]
amigo (m)	**prieten** (m)	[pri'eten]
amistad (f)	**prietenie** (f)	[priete'nie]
compañero (m)	**partener** (m)	[parte'ner]
superior (m)	**director** (m)	[di'rektor]
colega (m, f)	**coleg** (m)	[ko'leg]
vecinos (pl)	**vecini** (m pl)	[ve'tʃinʲ]

4. El cuerpo. La anatomía humana

organismo (m)	**organism** (n)	[orga'nizm]
cuerpo (m)	**corp** (n)	[korp]
corazón (m)	**inimă** (f)	['inimə]
sangre (f)	**sânge** (n)	['sindʒe]
cerebro (m)	**creier** (m)	['krejer]
nervio (m)	**nerv** (m)	[nerv]
hueso (m)	**os** (n)	[os]
esqueleto (m)	**schelet** (n)	[ske'let]

columna (f) vertebral	coloană (f) vertebrală	[kolo'anə verte'bralə]
costilla (f)	coastă (f)	[ko'astə]
cráneo (m)	craniu (n)	['kranju]
músculo (m)	muşchi (m)	[muʃkʲ]
pulmones (m pl)	plămâni (m pl)	[plə'minʲ]
piel (f)	piele (f)	['pjele]
cabeza (f)	cap (n)	[kap]
cara (f)	faţă (f)	['fatsə]
nariz (f)	nas (n)	[nas]
frente (f)	frunte (f)	['frunte]
mejilla (f)	obraz (m)	[o'braz]
boca (f)	gură (f)	['gurə]
lengua (f)	limbă (f)	['limbə]
diente (m)	dinte (m)	['dinte]
labios (m pl)	buze (f pl)	['buze]
mentón (m)	bărbie (f)	[bər'bie]
oreja (f)	ureche (f)	[u'reke]
cuello (m)	gât (n)	[gɨt]
garganta (f)	gât (n)	[gɨt]
ojo (m)	ochi (m)	[okʲ]
pupila (f)	pupilă (f)	[pu'pilə]
ceja (f)	sprânceană (f)	[sprin'tʃanə]
pestaña (f)	geană (f)	['dʒanə]
pelo, cabello (m)	păr (m)	[pər]
peinado (m)	coafură (f)	[koa'furə]
bigote (m)	mustăţi (f pl)	[mus'tətsʲ]
barba (f)	barbă (f)	['barbə]
tener (~ la barba)	a purta	[a pur'ta]
calvo (adj)	chel	[kel]
mano (f)	mână (f)	['minə]
brazo (m)	braţ (n)	[brats]
dedo (m)	deget (n)	['dedʒet]
uña (f)	unghie (f)	['ungie]
palma (f)	palmă (f)	['palmə]
hombro (m)	umăr (m)	['umər]
pierna (f)	picior (n)	[pi'tʃior]
planta (f)	talpă (f)	['talpə]
rodilla (f)	genunchi (n)	[dʒe'nunkʲ]
talón (m)	călcâi (n)	[kəl'kij]
espalda (f)	spate (n)	['spate]
cintura (f), talle (m)	talie (f)	['talie]
lunar (m)	aluniţă (f)	[alu'nitsə]
marca (f) de nacimiento	semn (n) din naştere	[semn din 'naʃtere]

5. La medicina. Las drogas

salud (f)	sănătate (f)	[sənə'tate]
sano (adj)	sănătos	[sənə'tos]
enfermedad (f)	boală (f)	[bo'alə]
estar enfermo	a fi bolnav	[a fi bol'nav]
enfermo (adj)	bolnav	[bol'nav]
resfriado (m)	răceală (f)	[rə'ʧalə]
resfriarse (vr)	a răci	[a rə'ʧi]
angina (f)	anghină (f)	[a'nginə]
pulmonía (f)	pneumonie (f)	[pneumo'nie]
gripe (f)	gripă (f)	['gripə]
resfriado (m) (coriza)	guturai (n)	[gutu'raj]
tos (f)	tuse (f)	['tuse]
toser (vi)	a tuşi	[a tu'ʃi]
estornudar (vi)	a strănuta	[a strənu'ta]
insulto (m)	congestie (f)	[kon'ʤestie]
ataque (m) cardiaco	infarct (n)	[in'farkt]
alergia (f)	alergie (f)	[aler'ʤie]
asma (f)	astmă (f)	['astmə]
diabetes (f)	diabet (n)	[dia'bet]
tumor (m)	tumoare (f)	[tumo'are]
cáncer (m)	cancer (n)	['kanʧer]
alcoholismo (m)	alcoolism (n)	[alkoo'lizm]
SIDA (m)	SIDA (f)	['sida]
fiebre (f)	friguri (n pl)	['frigurĭ]
mareo (m)	rău (n) de mare	[rəu de 'mare]
moradura (f)	vânătaie (f)	[vinə'tae]
chichón (m)	cucui (n)	[ku'kuj]
cojear (vi)	a şchiopăta	[a ʃkiopə'ta]
dislocación (f)	luxaţie (f)	[luk'satsie]
dislocar (vt)	a luxa	[a luk'sa]
fractura (f)	fractură (f)	[frak'turə]
quemadura (f)	arsură (f)	[ar'surə]
herida (f)	vătămare (f)	[vətə'mare]
dolor (m)	durere (f)	[du'rere]
dolor (m) de muelas	durere (f) de dinţi	[du'rere de dinʦ]
sudar (vi)	a transpira	[a transpi'ra]
sordo (adj)	surd	[surd]
mudo (adj)	mut	[mut]
inmunidad (f)	imunitate (f)	[imuni'tate]
virus (m)	virus (m)	['virus]
microbio (m)	microb (m)	[mi'krob]

| bacteria (f) | bacterie (f) | [bak'terie] |
| infección (f) | infecţie (f) | [in'fektsie] |

hospital (m)	spital (n)	[spi'tal]
cura (f)	tratament (n)	[trata'ment]
vacunar (vt)	a vaccina	[a vaktʃi'na]
estar en coma	a fi în comă	[a fi in 'komə]
revitalización (f)	reanimare (f)	[reani'mare]
síntoma (m)	simptom (n)	[simp'tom]
pulso (m)	puls (n)	[puls]

6. Los sentimientos. Las emociones

yo	eu	[eu]
tú	tu	[tu]
él	el	[el]
ella	ea	[ⁱa]

nosotros, -as	noi	[noj]
vosotros, -as	voi	['voj]
ellos	ei	['ej]
ellas	ele	['ele]

¡Hola! (fam.)	Bună ziua!	['bunə 'ziwa]
¡Hola! (form.)	Bună ziua!	['bunə 'ziwa]
¡Buenos días!	Bună dimineaţa!	['bunə dimi'nⁱatsa]
¡Buenas tardes!	Bună ziua!	['bunə 'ziwa]
¡Buenas noches!	Bună seara!	['bunə 'sⁱara]

decir hola	a se saluta	[a se salu'ta]
saludar (vt)	a saluta	[a salu'ta]
¿Cómo estás?	Ce mai faci?	[tʃie maj 'fatʃi]
¡Chau! ¡Adiós!	La revedere!	[la reve'dere]
¡Gracias!	Mulţumesc!	[multsu'mesk]

sentimientos (m pl)	sentimente (n pl)	[senti'mente]
tener hambre	a fi foame	[a fi fo'ame]
tener sed	a fi sete	[a fi 'sete]
cansado (adj)	obosit	[obo'sit]

inquietarse (vr)	a se nelinişti	[a se neliniʃ'ti]
estar nervioso	a se enerva	[a se ener'va]
esperanza (f)	speranţă (f)	[spe'rantsə]
esperar (tener esperanza)	a spera	[a spe'ra]

carácter (m)	caracter (n)	[karak'ter]
modesto (adj)	modest	[mo'dest]
perezoso (adj)	leneş	['leneʃ]
generoso (adj)	generos	[dʒene'ros]
talentoso (adj)	talentat	[talen'tat]

honesto (adj)	onest	[o'nest]
serio (adj)	serios	[se'rjos]
tímido (adj)	sfios	[sfi'os]
sincero (adj)	sincer	['sintʃer]
cobarde (m)	laş (m)	[laʃ]

dormir (vi)	a dormi	[a dor'mi]
sueño (m) (dulces ~s)	vis (n)	[vis]
cama (f)	pat (n)	[pat]
almohada (f)	pernă (f)	['pernə]

insomnio (m)	insomnie (f)	[insom'nie]
irse a la cama	a merge la culcare	[a 'merdʒe la kul'kare]
pesadilla (f)	coşmar (n)	[koʃ'mar]
despertador (m)	ceas (n) deşteptător	[tʃas deʃteptə'tor]

sonrisa (f)	zâmbet (n)	['zimbet]
sonreír (vi)	a zâmbi	[a zim'bi]
reírse (vr)	a râde	[a 'ride]

disputa (f), riña (f)	ceartă (f)	['tʃartə]
insulto (m)	insultă (f)	[in'sultə]
ofensa (f)	jignire (f)	[ʒig'nire]
enfadado (adj)	supărat	[supə'rat]

7. La ropa. Accesorios personales

ropa (f)	îmbrăcăminte (f)	[imbrəkə'minte]
abrigo (m)	palton (n)	[pal'ton]
abrigo (m) de piel	şubă (f)	['ʃubə]
cazadora (f)	scurtă (f)	['skurtə]
impermeable (m)	trenci (f)	[trentʃi]
camisa (f)	cămaşă (f)	[kə'maʃə]
pantalones (m pl)	pantaloni (m pl)	[panta'lonʲ]
chaqueta (f), saco (m)	sacou (n)	[sa'kou]
traje (m)	costum (n)	[kos'tum]

vestido (m)	rochie (f)	['rokie]
falda (f)	fustă (f)	['fustə]
camiseta (f) (T-shirt)	tricou (n)	[tri'kou]
bata (f) de baño	halat (n)	[ha'lat]
pijama (m)	pijama (f)	[piʒa'ma]
ropa (f) de trabajo	haină (f) de lucru	['hajnə de 'lukru]

ropa (f) interior	lenjerie (f) de corp	[lenʒe'rie de 'korp]
calcetines (m pl)	şosete (f pl)	[ʃo'sete]
sostén (m)	sutien (n)	[su'tjen]
pantimedias (f pl)	ciorapi pantalon (m pl)	[tʃio'rapʲ panta'lon]
medias (f pl)	ciorapi (m pl)	[tʃio'rapʲ]
traje (m) de baño	costum (n) de baie	[kos'tum de 'bae]

gorro (m)	căciulă (f)	[kə'tʃiulə]
calzado (m)	încălţăminte (f)	[inkəltsə'minte]
botas (f pl) altas	cizme (f pl)	['tʃizme]
tacón (m)	toc (n)	[tok]
cordón (m)	şiret (n)	[ʃi'ret]
betún (m)	cremă (f) de ghete	['kremə de 'gete]

algodón (m)	bumbac (m)	[bum'bak]
lana (f)	lână (f)	['linə]
piel (f) (~ de zorro, etc.)	blană (f)	['blanə]

guantes (m pl)	mănuşi (f pl)	[mə'nuʃ]
manoplas (f pl)	mănuşi (f pl) cu un singur deget	[mə'nuʃ ku un 'singur 'dedʒet]
bufanda (f)	fular (m)	[fu'lar]
gafas (f pl)	ochelari (m pl)	[oke'lari]
paraguas (m)	umbrelă (f)	[um'brelə]

corbata (f)	cravată (f)	[kra'vatə]
moquero (m)	batistă (f)	[ba'tistə]
peine (m)	pieptene (m)	['pjeptəne]
cepillo (m) de pelo	perie (f) de păr	[pe'rie de pər]
hebilla (f)	cataramă (f)	[kata'ramə]
cinturón (m)	cordon (n)	[kor'don]
bolso (m)	poşetă (f)	[po'ʃətə]

cuello (m)	guler (n)	['guler]
bolsillo (m)	buzunar (n)	[buzu'nar]
manga (f)	mânecă (f)	['minekə]
bragueta (f)	şliţ (n)	[ʃlits]

cremallera (f)	fermoar (n)	[fermo'ar]
botón (m)	nasture (m)	['nasture]
ensuciarse (vr)	a se murdări	[a se murdə'ri]
mancha (f)	pată (f)	['patə]

8. La ciudad. Las instituciones urbanas

tienda (f)	magazin (n)	[maga'zin]
centro (m) comercial	centru (n) comercial	['tʃentru komertʃi'al]
supermercado (m)	supermarket (n)	[super'market]
zapatería (f)	magazin (n) de încălţăminte	[maga'zin de inkəltsə'minte]
librería (f)	librărie (f)	[librə'rie]

farmacia (f)	farmacie (f)	[farma'tʃie]
panadería (f)	brutărie (f)	[brutə'rie]
pastelería (f)	cofetărie (f)	[kofetə'rie]
tienda (f) de comestibles	băcănie (f)	[bəkə'nie]
carnicería (f)	hală (f) de carne	['halə de 'karne]

| verdulería (f) | magazin (m) de legume | [maga'zin de le'gume] |
| mercado (m) | piaţă (f) | ['pjatsə] |

peluquería (f)	frizerie (f)	[frize'rie]
oficina (f) de correos	poştă (f)	['poʃtə]
tintorería (f)	curăţătorie (f) chimică	[kurətsəto'rie 'kimikə]
circo (m)	circ (n)	[tʃirk]
zoológico (m)	grădină (f) zoologică	[grə'dinə zoo'lodʒikə]
teatro (m)	teatru (n)	[te'atru]
cine (m)	cinematograf (n)	[tʃinemato'graf]
museo (m)	muzeu (n)	[mu'zeu]
biblioteca (f)	bibliotecă (f)	[biblio'tekə]

mezquita (f)	moschee (f)	[mos'kee]
sinagoga (f)	sinagogă (f)	[sina'gogə]
catedral (f)	catedrală (f)	[kate'dralə]

| templo (m) | templu (n) | ['templu] |
| iglesia (f) | biserică (f) | [bi'serikə] |

instituto (m)	institut (n)	[insti'tut]
universidad (f)	universitate (f)	[universi'tate]
escuela (f)	şcoală (f)	[ʃko'alə]

| hotel (m) | hotel (n) | [ho'tel] |
| banco (m) | bancă (f) | ['bankə] |

| embajada (f) | ambasadă (f) | [amba'sadə] |
| agencia (f) de viajes | agenţie (f) de turism | [adʒen'tsie de tu'rism] |

| metro (m) | metrou (n) | [me'trou] |
| hospital (m) | spital (n) | [spi'tal] |

| gasolinera (f) | benzinărie (f) | [benzinə'rie] |
| aparcamiento (m) | parcare (f) | [par'kare] |

ENTRADA	INTRARE	[in'trare]
SALIDA	IEŞIRE	[je'ʃire]
EMPUJAR	ÎMPINGE	[im'pindʒe]
TIRAR	TRAGE	['tradʒe]

| ABIERTO | DESCHIS | [des'kis] |
| CERRADO | ÎNCHIS | [in'kis] |

monumento (m)	monument (n)	[monu'ment]
fortaleza (f)	cetate (f)	[tʃe'tate]
palacio (m)	palat (n)	[pa'lat]

medieval (adj)	medieval	[medie'val]
antiguo (adj)	vechi	[vekʲ]
nacional (adj)	naţional	[natsio'nal]
conocido (adj)	cunoscut	[kunos'kut]

9. El dinero. Las finanzas

dinero (m)	bani (m pl)	[banʲ]
moneda (f)	monedă (f)	[mo'nedə]
dólar (m)	dolar (m)	[do'lar]
euro (m)	euro (m)	['euro]
cajero (m) automático	bancomat (n)	[banko'mat]
oficina (f) de cambio	schimb (n) valutar	[skimb valu'tar]
curso (m)	curs (n)	[kurs]
dinero (m) en efectivo	numerar (n)	[nume'rar]
¿Cuánto?	Cât?	[kɨt]
pagar (vi, vt)	a plăti	[a plə'ti]
pago (m)	plată (f)	['platə]
cambio (m) (devolver el ~)	rest (n)	[rest]
precio (m)	preţ (n)	[prets]
descuento (m)	reducere (f)	[re'dutʃere]
barato (adj)	ieftin	['jeftin]
caro (adj)	scump	[skump]
banco (m)	bancă (f)	['bankə]
cuenta (f)	cont (n)	[kont]
tarjeta (f) de crédito	carte (f) de credit	['karte de 'kredit]
cheque (m)	cec (n)	[tʃek]
sacar un cheque	a scrie un cec	[a 'skrie un tʃek]
talonario (m)	carte (f) de cecuri	['karte de 'tʃekurʲ]
deuda (f)	datorie (f)	[dato'rie]
deudor (m)	datornic (m)	[da'tornik]
prestar (vt)	a da cu împrumut	[a da ku impru'mut]
tomar prestado	a lua cu împrumut	[a lu'a ku impru'mut]
alquilar (vt)	a lua în chirie	[a lu'a in ki'rie]
a crédito (adv)	în credit	[in 'kredit]
cartera (f)	portvizit (n)	[portvi'zit]
caja (f) fuerte	seif (n)	['sejf]
herencia (f)	moştenire (f)	[moʃte'nire]
fortuna (f)	avere (f)	[a'vere]
impuesto (m)	impozit (n)	[im'pozit]
multa (f)	amendă (f)	[a'mendə]
multar (vt)	a amenda	[a amen'da]
al por mayor (adj)	en-gros	[an'gro]
al por menor (adj)	cu bucata	[ku bu'kata]
asegurar (vt)	a asigura	[a asigu'ra]
seguro (m)	asigurare (f)	[asigu'rare]
capital (m)	capital (n)	[kapi'tal]
volumen (m) de negocio	rotaţie (f)	[ro'tatsie]

acción (f)	**acţiune** (f)	[aktsi'une]
beneficio (m)	**profit** (n)	[pro'fit]
beneficioso (adj)	**profitabil**	[profi'tabil]
crisis (f)	**criză** (f)	['krizə]
bancarrota (f)	**faliment** (n)	[fali'ment]
ir a la bancarrota	**a da faliment**	[a da fali'ment]
contable (m)	**contabil** (m)	[kon'tabil]
salario (m)	**salariu** (n)	[sa'larju]
premio (m)	**primă** (f)	['primə]

10. El transporte

autobús (m)	**autobuz** (n)	[auto'buz]
tranvía (m)	**tramvai** (n)	[tram'vaj]
trolebús (m)	**troleibuz** (n)	[trolej'buz]
ir en …	**a merge cu …**	[a 'merdʒe ku]
tomar (~ el autobús)	**a se urca**	[a se ur'ka]
bajar (~ del tren)	**a coborî**	[a kobo'ri]
parada (f)	**staţie** (f)	['statsie]
parada (f) final	**ultima staţie** (f)	['ultima 'statsie]
horario (m)	**orar** (n)	[o'rar]
billete (m)	**bilet** (n)	[bi'let]
llegar tarde (vi)	**a întârzia**	[a intir'zija]
taxi (m)	**taxi** (n)	[ta'ksi]
en taxi	**cu taxiul**	[ku ta'ksjul]
parada (f) de taxi	**staţie** (f) **de taxiuri**	['statsie de ta'ksjur]
tráfico (m)	**circulaţie** (f) **pe stradă**	[tʃirku'latsie pe 'stradə]
horas (f pl) de punta	**oră** (f) **de vârf**	[orə de virf]
aparcar (vi)	**a se parca**	[a se par'ka]
metro (m)	**metrou** (n)	[me'trou]
estación (f)	**staţie** (f)	['statsie]
tren (m)	**tren** (n)	[tren]
estación (f)	**gară** (f)	['garə]
rieles (m pl)	**şine** (f pl)	['ʃine]
compartimiento (m)	**compartiment** (n)	[komparti'ment]
litera (f)	**cuşetă** (f)	[ku'ʃetə]
avión (m)	**avion** (n)	[a'vjon]
billete (m) de avión	**bilet** (n) **de avion**	[bi'let de a'vjon]
compañía (f) aérea	**companie** (f) **aeriană**	[kompa'nie aeri'anə]
aeropuerto (m)	**aeroport** (n)	[aero'port]
vuelo (m)	**zbor** (n)	[zbor]
equipaje (m)	**bagaj** (n)	[ba'gaʒ]

carrito (m) de equipaje	cărucior (n) **pentru bagaj**	[kəru'tʃior 'pentru ba'gaʒ]
barco, buque (m)	corabie (f)	[ko'rabie]
trasatlántico (m)	**vas** (n) **de croazieră**	[vas de kroa'zjerə]
yate (m)	iaht (n)	[jaht]
bote (m) de remo	barcă (f)	['barkə]
capitán (m)	căpitan (m)	[kəpi'tan]
camarote (m)	cabină (f)	[ka'binə]
puerto (m)	port (n)	[port]
bicicleta (f)	bicicletă (f)	[bitʃi'kletə]
scooter (m)	scuter (n)	['skuter]
motocicleta (f)	motocicletă (f)	[mototʃi'kletə]
pedal (m)	pedală (f)	[pe'dalə]
bomba (f)	pompă (f)	['pompə]
rueda (f)	roată (f)	[ro'atə]
coche (m)	automobil (n)	[automo'bil]
ambulancia (f)	ambulanță (f)	[ambu'lantsə]
camión (m)	autocamion (n)	[autoka'mjon]
de ocasión (adj)	uzat	[u'zat]
accidente (m)	accident (n)	[aktʃi'dent]
reparación (f)	reparație (f)	[repa'ratsie]

11. La comida. Unidad 1

carne (f)	carne (f)	['karne]
gallina (f)	**carne** (f) **de găină**	['karne de gə'inə]
pato (m)	**carne** (f) **de rață**	['karne de 'ratsə]
carne (f) de cerdo	**carne** (f) **de porc**	['karne de pork]
carne (f) de ternera	**carne** (f) **de vițel**	['karne de vi'tsel]
carne (f) de carnero	**carne** (f) **de berbec**	['karne de ber'bek]
carne (f) de vaca	**carne** (f) **de vită**	['karne de 'vitə]
salchichón (m)	salam (n)	[sa'lam]
huevo (m)	ou (n)	['ow]
pescado (m)	pește (m)	['peʃte]
queso (m)	cașcaval (n)	['brinzə]
azúcar (m)	zahăr (n)	['zahər]
sal (f)	sare (f)	['sare]
arroz (m)	orez (n)	[o'rez]
macarrones (m pl)	paste (f pl)	['paste]
mantequilla (f)	unt (n)	['unt]
aceite (m) vegetal	ulei (n) vegetal	[u'lej vedʒe'tal]
pan (m)	pâine (f)	['pine]
chocolate (m)	ciocolată (f)	[tʃioko'latə]
vino (m)	vin (n)	[vin]
café (m)	cafea (f)	[ka'fʲa]

leche (f)	lapte (n)	['lapte]
zumo (m), jugo (m)	suc (n)	[suk]
cerveza (f)	bere (f)	['bere]
té (m)	ceai (n)	[ʧaj]

tomate (m)	roşie (f)	['roʃie]
pepino (m)	castravete (m)	[kastra'vete]
zanahoria (f)	morcov (m)	['morkov]
patata (f)	cartof (m)	[kar'tof]
cebolla (f)	ceapă (f)	['ʧape]
ajo (m)	usturoi (m)	[ustu'roj]

col (f)	varză (f)	['varze]
remolacha (f)	sfeclă (f)	['sfekle]
berenjena (f)	pătlăgea (f) vânătă	[petle'dʒⁱa 'vinete]
eneldo (m)	mărar (m)	[me'rar]
lechuga (f)	salată (f)	[sa'late]
maíz (m)	porumb (m)	[po'rumb]

fruto (m)	fruct (n)	[frukt]
manzana (f)	măr (n)	[mer]
pera (f)	pară (f)	['pare]
limón (m)	lămâie (f)	[le'mie]
naranja (f)	portocală (f)	[porto'kale]
fresa (f)	căpşună (f)	[kep'ʃune]

ciruela (f)	prună (f)	['prune]
frambuesa (f)	zmeură (f)	['zmeure]
piña (f)	ananas (m)	[ana'nas]
banana (f)	banană (f)	[ba'nane]
sandía (f)	pepene (m) verde	['pepene 'verde]
uva (f)	struguri (m pl)	['strugurⁱ]
melón (m)	pepene (m) galben	['pepene 'galben]

12. La comida. Unidad 2

cocina (f)	bucătărie (f)	[buketə'rie]
receta (f)	reţetă (f)	[re'tsete]
comida (f)	mâncare (f)	[mɨn'kare]

desayunar (vi)	a lua micul dejun	[a lu'a 'mikul de'ʒun]
almorzar (vi)	a lua prânzul	[a lu'a 'prɨnzul]
cenar (vi)	a cina	[a ʧi'na]

sabor (m)	gust (n)	[gust]
sabroso (adj)	gustos	[gus'tos]
frío (adj)	rece	['reʧe]
caliente (adj)	fierbinte	[fier'binte]
azucarado, dulce (adj)	dulce	['dulʧe]
salado (adj)	sărat	[se'rat]

bocadillo (m)	tartină (f)	[tar'tine]
guarnición (f)	garnitură (f)	[garni'ture]
relleno (m)	umplutură (f)	[umplu'ture]
salsa (f)	sos (n)	[sos]
pedazo (m)	bucată (f)	[bu'kate]
dieta (f)	dietă (f)	[di'ete]
vitamina (f)	vitamină (f)	[vita'mine]
caloría (f)	calorie (f)	[kalo'rie]
vegetariano (m)	vegetarian (m)	[vedʒetari'an]
restaurante (m)	restaurant (n)	[restau'rant]
cafetería (f)	cafenea (f)	[kafe'nʲa]
apetito (m)	poftă (f) de mâncare	['pofte de mɨ'nkare]
¡Que aproveche!	Poftă bună!	['pofte 'bune]
camarero (m)	chelner (m)	['kelner]
camarera (f)	chelneriță (f)	[kelne'ritse]
barman (m)	barman (m)	['barman]
carta (f), menú (m)	meniu (n)	[me'nju]
cuchara (f)	lingură (f)	['lingure]
cuchillo (m)	cuțit (n)	[ku'tsit]
tenedor (m)	furculiță (f)	[furku'litse]
taza (f)	ceaşcă (f)	['tʃaʃke]
plato (m)	farfurie (f)	[farfu'rie]
platillo (m)	farfurioară (f)	[farfurio'are]
servilleta (f)	şervețel (n)	[ʃerve'tsel]
mondadientes (m)	scobitoare (f)	[skobito'are]
pedir (vt)	a comanda	[a koman'da]
plato (m)	fel (n) de mâncare	[fel de mɨ'nkare]
porción (f)	porție (f)	['portsie]
entremés (m)	gustare (f)	[gus'tare]
ensalada (f)	salată (f)	[sa'late]
sopa (f)	supă (f)	['supe]
postre (m)	desert (n)	[de'sert]
confitura (f)	dulceață (f)	[dul'tʃatse]
helado (m)	înghețată (f)	[inge'tsate]
cuenta (f)	notă (f) de plată	['note de 'plate]
pagar la cuenta	a achita nota de plată	[a aki'ta 'nota de 'plate]
propina (f)	bacşiş (n)	[bak'ʃiʃ]

13. La casa. El apartamento. Unidad 1

casa (f)	casă (f)	['kase]
casa (f) de campo	casă (f) în afara localității	['kase in a'fara lokali'tetsij]
villa (f)	vilă (f)	['vile]

piso (m), planta (f)	etaj (n)	[e'taʒ]
entrada (f)	intrare (f)	[in'trare]
pared (f)	perete (m)	[pe'rete]
techo (m)	acoperiş (n)	[akope'riʃ]
chimenea (f)	tub (n)	[tub]

desván (m)	mansardă (f)	[man'sardə]
ventana (f)	fereastră (f)	[fe'rʲastrə]
alféizar (m)	pervaz (n)	[per'vaz]
balcón (m)	balcon (n)	[bal'kon]

escalera (f)	scară (f)	['skarə]
buzón (m)	cutie (f) poştală	[ku'tie poʃ'talə]
contenedor (m) de basura	ladă (f) de gunoi	['ladə de gu'noj]
ascensor (m)	lift (n)	[lift]

electricidad (f)	electricitate (f)	[elektritʃi'tate]
bombilla (f)	bec (n)	[bek]
interruptor (m)	întrerupător (n)	[intrerupə'tor]
enchufe (m)	priză (f)	['prizə]
fusible (m)	siguranţă (f)	[sigu'rantsə]

puerta (f)	uşă (f)	['uʃə]
tirador (m)	clanţă (f)	['klantsə]
llave (f)	cheie (f)	['kee]
felpudo (m)	covoraş (n)	[kovo'raʃ]

cerradura (f)	încuietoare (f)	[inkueto'are]
timbre (m)	sonerie (f)	[sone'rie]
toque (m) a la puerta	bătaie (f)	[bə'tae]
tocar la puerta	a bate	[a 'bate]
mirilla (f)	vizor (f)	[vi'zor]

patio (m)	curte (f)	['kurte]
jardín (m)	grădină (f)	[grə'dinə]
piscina (f)	bazin (n)	[ba'zin]
gimnasio (m)	sală (f) de sport	['salə de sport]
cancha (f) de tenis	teren (n) de tenis	[te'ren de 'tenis]
garaje (m)	garaj (n)	[ga'raʒ]

propiedad (f) privada	proprietate (f) privată	[proprie'tate pri'vatə]
letrero (m) de aviso	avertisment (n)	[avertis'ment]
seguridad (f)	pază (f)	['pazə]
guardia (m) de seguridad	paznic (m)	['paznik]

renovación (f)	reparaţie (f)	[repa'ratsie]
renovar (vt)	a face reparaţie	[a 'fatʃe repa'ratsie]
poner en orden	a pune în ordine	[a 'pune in 'ordine]
pintar (las paredes)	a vopsi	[a vop'si]
empapelado (m)	tapet (n)	[ta'pet]
cubrir con barniz	a lăcui	[a ləku'i]
tubo (m)	ţeavă (f)	['tsʲavə]

instrumentos (m pl)	**instrumente** (n pl)	[instru'mente]
sótano (m)	**subsol** (n)	[sub'sol]
alcantarillado (m)	**canalizare** (f)	[kanali'zare]

14. La casa. El apartamento. Unidad 2

apartamento (m)	**apartament** (n)	[aparta'ment]
habitación (f)	**cameră** (f)	['kamerə]
dormitorio (m)	**dormitor** (n)	[dormi'tor]
comedor (m)	**sufragerie** (f)	[sufradʒe'rie]
salón (m)	**salon** (n)	[sa'lon]
despacho (m)	**cabinet** (n)	[kabi'net]
antecámara (f)	**antreu** (n)	[an'treu]
cuarto (m) de baño	**baie** (f)	['bae]
servicio (m)	**toaletă** (f)	[toa'letə]
suelo (m)	**podea** (f)	[po'dʲa]
techo (m)	**pod** (n)	[pod]
limpiar el polvo	**a şterge praful**	[a 'ʃterdʒe 'praful]
aspirador (m), aspiradora (f)	**aspirator** (n)	[aspira'tor]
limpiar con la aspiradora	**a da cu aspiratorul**	[a da ku aspira'torul]
fregona (f)	**teu** (n)	['teu]
trapo (m)	**cârpă** (f)	['kɨrpə]
escoba (f)	**mătură** (f)	['məturə]
cogedor (m)	**făraş** (n)	[fə'raʃ]
muebles (m pl)	**mobilă** (f)	['mobilə]
mesa (f)	**masă** (f)	['masə]
silla (f)	**scaun** (n)	['skaun]
sillón (m)	**fotoliu** (n)	[fo'tolju]
librería (f)	**dulap** (n) **de cărţi**	[du'lap de kərts]
estante (m)	**raft** (n)	[raft]
armario (m)	**dulap** (n) **de haine**	[du'lap de 'hajne]
espejo (m)	**oglindă** (f)	[og'lində]
tapiz (m)	**covor** (n)	[ko'vor]
chimenea (f)	**şemineu** (n)	[ʃemi'neu]
cortinas (f pl)	**draperii** (f pl)	[drape'rij]
lámpara (f) de mesa	**lampă** (f) **de birou**	['lampə de bi'rou]
lámpara (f) de araña	**lustră** (f)	['lustrə]
cocina (f)	**bucătărie** (f)	[bukətə'rie]
cocina (f) de gas	**aragaz** (n)	[ara'gaz]
cocina (f) eléctrica	**plită** (f) **electrică**	['plitə e'lektrikə]
horno (m) microondas	**cuptor** (n) **cu microunde**	[kup'tor ku mikro'unde]
frigorífico (m)	**frigider** (n)	[fridʒi'der]
congelador (m)	**congelator** (n)	[kondʒela'tor]

lavavajillas (m)	**maşină** (f) **de spălat vase**	[ma'ʃinə de spə'lat 'vase]
grifo (m)	**robinet** (n)	[robi'net]
picadora (f) de carne	**maşină** (f) **de tocat carne**	[ma'ʃinə de to'kat 'karne]
exprimidor (m)	**storcător** (n)	[storkə'tor]
tostador (m)	**prăjitor** (n) **de pâine**	[prəʒi'tor de 'pine]
batidora (f)	**mixer** (n)	['mikser]
cafetera (f) (aparato de cocina)	**fierbător** (n) **de cafea**	[fierbe'tor de ka'fʲa]
hervidor (m) de agua	**ceainic** (n)	['ʧajnik]
tetera (f)	**ceainic** (n)	['ʧajnik]
televisor (m)	**televizor** (n)	[televi'zor]
vídeo (m)	**videomagnetofon** (n)	[videomagneto'fon]
plancha (f)	**fier** (n) **de călcat**	[fier de kəl'kat]
teléfono (m)	**telefon** (n)	[tele'fon]

15. Los trabajos. El estatus social

director (m)	**director** (m)	[di'rektor]
superior (m)	**şef** (m)	[ʃef]
presidente (m)	**preşedinte** (m)	[preʃə'dinte]
asistente (m)	**asistent** (m)	[asis'tent]
secretario, -a (m, f)	**secretar** (m)	[sekre'tar]
propietario (m)	**proprietar** (m)	[proprie'tar]
socio (m)	**partener** (m)	[parte'ner]
accionista (m)	**acţionar** (m)	[akʦio'nar]
hombre (m) de negocios	**om** (m) **de afaceri**	[om de a'faʧerʲ]
millonario (m)	**milionar** (m)	[milio'nar]
multimillonario (m)	**miliardar** (n)	[miliar'dar]
actor (m)	**actor** (m)	[ak'tor]
arquitecto (m)	**arhitect** (m)	[arhi'tekt]
banquero (m)	**bancher** (m)	[ban'ker]
broker (m)	**broker** (m)	['broker]
veterinario (m)	**veterinar** (m)	[veteri'nar]
médico (m)	**medic** (m)	['medik]
camarera (f)	**femeie** (f) **de serviciu**	[fe'mee de ser'viʧiu]
diseñador (m)	**designer** (m)	[di'zajner]
corresponsal (m)	**corespondent** (m)	[korespon'dent]
repartidor (m)	**curier** (m)	[ku'rʲer]
electricista (m)	**electrician** (m)	[elektriʧi'an]
músico (m)	**muzician** (m)	[muziʧi'an]
niñera (f)	**dădacă** (f)	[də'dakə]
peluquero (m)	**frizer** (m)	[fri'zer]
pastor (m)	**păstor** (m)	[pəs'tor]

cantante (m)	**cântăreț** (m)	[kintə'rets]
traductor (m)	**traducător** (m)	[tradukə'tor]
escritor (m)	**scriitor** (m)	[skrii'tor]
carpintero (m)	**dulgher** (m)	[dul'ger]
cocinero (m)	**bucătar** (m)	[bukə'tar]
bombero (m)	**pompier** (m)	[pom'pjer]
policía (m)	**polițist** (m)	[poli'tsist]
cartero (m)	**poştaş** (m)	[poʃ'taʃ]
programador (m)	**programator** (m)	[programa'tor]
vendedor (m)	**vânzător** (m)	[vɨnzə'tor]
obrero (m)	**muncitor** (m)	[muntʃi'tor]
jardinero (m)	**grădinar** (m)	[grədi'nar]
fontanero (m)	**instalator** (m)	[instala'tor]
dentista (m)	**stomatolog** (m)	[stomato'log]
azafata (f)	**stewardesă** (f)	[stjuar'desə]
bailarín (m)	**dansator** (m)	[dansa'tor]
guardaespaldas (m)	**gardă** (f) **de corp**	['gardə de 'korp]
científico (m)	**savant** (m)	[sa'vant]
profesor (m) (~ de baile, etc.)	**profesor** (m)	[pro'fesor]
granjero (m)	**fermier** (m)	[fer'mjer]
cirujano (m)	**chirurg** (m)	[ki'rurg]
minero (m)	**miner** (m)	[mi'ner]
jefe (m) de cocina	**bucătar-şef** (m)	[bukə'tar 'ʃef]
chofer (m)	**şofer** (m)	[ʃo'fer]

16. Los deportes

tipo (m) de deporte	**gen** (n) **de sport**	['dʒen de 'sport]
fútbol (m)	**fotbal** (n)	['fotbal]
hockey (m)	**hochei** (n)	['hokej]
baloncesto (m)	**baschet** (n)	['basket]
béisbol (m)	**base-ball** (n)	['bejsbol]
voleibol (m)	**volei** (n)	['volej]
boxeo (m)	**box** (n)	[boks]
lucha (f)	**luptă** (f)	['luptə]
tenis (m)	**tenis** (n)	['tenis]
natación (f)	**înot** (n)	[ɨ'not]
ajedrez (m)	**şah** (n)	[ʃah]
carrera (f)	**alergare** (f)	[aler'gare]
atletismo (m)	**atletism** (n)	[atle'tizm]
patinaje (m) artístico	**patinaj** (n) **artistic**	[pati'naʒ ar'tistik]
ciclismo (m)	**ciclism** (n)	[tʃi'klizm]
billar (m)	**biliard** (n)	[bi'ljard]

culturismo (m)	culturism (n)	[kultu'rism]
golf (m)	golf (n)	[golf]
buceo (m)	scufundare (f)	[skufun'dare]
vela (f)	iahting (n)	['jahting]
tiro (m) con arco	tragere (f) cu arcul	['tradʒere 'ku 'arkul]

tiempo (m)	repriză (f)	[re'prizə]
descanso (m)	pauză (f)	['pauzə]
empate (m)	egalitate (f)	[egali'tate]
empatar (vi)	a juca la egalitate	[a ʒu'ka la egali'tate]

cinta (f) de correr	pistă (f) de alergare	['pistə de aler'gare]
jugador (m)	jucător (m)	[ʒukə'tor]
reserva (m)	jucător (m) de rezervă	[ʒukə'tor de re'zervə]
banquillo (m) de reserva	bancă (f) de rezervă	['bankə de re'zervə]

match (m)	meci (n)	['metʃi]
puerta (f)	poartă (f)	[po'artə]
portero (m)	portar (m)	[por'tar]
gol (m)	gol (n)	[gol]

Juegos (m pl) Olímpicos	Jocuri (n pl) Olimpice	['ʒokurʲ o'limpitʃe]
establecer un record	a bate recordul	[a 'bate re'kordul]
final (m)	finală (f)	[fi'nalə]
campeón (m)	campion (m)	[kampi'on]
campeonato (m)	campionat (n)	[kampio'nat]

vencedor (m)	învingător (m)	[ɨnvingə'tor]
victoria (f)	victorie (f)	[vik'torie]
ganar (vi)	a câştiga	[a kɨʃti'ga]
perder (vi)	a pierde	[a 'pjerde]
medalla (f)	medalie (f)	[me'dalie]

primer puesto (m)	primul loc (n)	['primul lok]
segundo puesto (m)	al doilea loc (n)	[al 'dojlʲa lok]
tercer puesto (m)	al treilea loc (n)	[al 'trejlʲa lok]

estadio (m)	stadion (n)	[stadi'on]
hincha (m)	suporter (m)	[su'porter]
entrenador (m)	antrenor (m)	[antre'nor]
entrenamiento (m)	antrenament (n)	[antrena'ment]

17. Los idiomas extranjeros. La ortografía

lengua (f)	limbă (f)	['limbə]
estudiar (vt)	a studia	[a studi'a]
pronunciación (f)	pronunţie (f)	[pro'nuntsie]
acento (m)	accent (n)	[ak'tʃent]
sustantivo (m)	substantiv (n)	[substan'tiv]
adjetivo (m)	adjectiv (n)	[adʒek'tiv]

verbo (m)	**verb** (n)	[verb]
adverbio (m)	**adverb** (n)	[ad'verb]
pronombre (m)	**pronume** (n)	[pro'nume]
interjección (f)	**interjecţie** (f)	[inter'ʒektsie]
preposición (f)	**prepoziţie** (f)	[prepo'zitsie]
raíz (f), radical (m)	**rădăcina** (f) **cuvântului**	[rədə'ʧina ku'vintuluj]
desinencia (f)	**terminaţie** (f)	[termi'natsie]
prefijo (m)	**prefix** (n)	[pre'fiks]
sílaba (f)	**silabă** (f)	[si'labə]
sufijo (m)	**sufix** (n)	[su'fiks]
acento (m)	**accent** (n)	[ak'ʧent]
punto (m)	**punct** (n)	[punkt]
coma (m)	**virgulă** (f)	['virgulə]
dos puntos (m pl)	**două puncte** (n pl)	['dowə 'punkte]
puntos (m pl) suspensivos	**puncte-puncte** (n pl)	['punkte 'punkte]
pregunta (f)	**întrebare** (f)	[intre'bare]
signo (m) de interrogación	**semn** (n) **de întrebare**	[semn de intre'bare]
signo (m) de admiración	**semn** (n) **de exclamare**	[semn de ekskla'mare]
entre comillas	**în ghilimele**	[in gili'mele]
entre paréntesis	**în paranteze**	[in paran'teze]
letra (f)	**literă** (f)	['literə]
letra (f) mayúscula	**majusculă** (f)	[ma'ʒuskulʲa]
oración (f)	**prepoziţie** (f)	[prepo'zitsie]
combinación (f) de palabras	**îmbinare** (f) **de cuvinte**	[imbi'nare de ku'vinte]
expresión (f)	**expresie** (f)	[eks'presie]
sujeto (m)	**subiect** (n)	[su'bjekt]
predicado (m)	**predicat** (n)	[predi'kat]
línea (f)	**rând** (n)	[rind]
párrafo (m)	**paragraf** (n)	[para'graf]
sinónimo (m)	**sinonim** (n)	[sino'nim]
antónimo (m)	**antonim** (n)	[anto'nim]
excepción (f)	**excepţie** (f)	[eks'ʧeptsie]
subrayar (vt)	**a sublinia**	[a sublini'a]
reglas (f pl)	**reguli** (f pl)	['regulʲ]
gramática (f)	**gramatică** (f)	[gra'matikə]
vocabulario (m)	**lexic** (n)	['leksik]
fonética (f)	**fonetică** (f)	[fo'netikə]
alfabeto (m)	**alfabet** (n)	[alfa'bet]
manual (m)	**manual** (n)	[manu'al]
diccionario (m)	**dicţionar** (n)	[diktsio'nar]
guía (f) de conversación	**ghid** (n) **de conversaţie**	[gid de konver'satsie]

palabra (f)	cuvânt (n)	[ku'vint]
significado (m)	sens (n)	[sens]
memoria (f)	memorie (f)	[me'morie]

18. La Tierra. La geografía

Tierra (f)	Pământ (n)	[pə'mint]
globo (m) terrestre	globul (n) pământesc	['globul pəmin'tesk]
planeta (m)	planetă (f)	[pla'netə]

geografía (f)	geografie (f)	[dʒeogra'fie]
naturaleza (f)	natură (f)	[na'turə]
mapa (m)	hartă (f)	['hartə]
atlas (m)	atlas (n)	[at'las]

en el norte	la nord	[la nord]
en el sur	la sud	[la sud]
en el oeste	la vest	[la vest]
en el este	la est	[la est]

mar (m)	mare (f)	['mare]
océano (m)	ocean (n)	[otʃə'an]
golfo (m)	golf (n)	[golf]
estrecho (m)	strâmtoare (f)	[strimto'are]

continente (m)	continent (n)	[konti'nent]
isla (f)	insulă (f)	['insulə]
península (f)	peninsulă (f)	[pe'ninsulə]
archipiélago (m)	arhipelag (n)	[arhipe'lag]

ensenada, bahía (f)	port (n)	[port]
arrecife (m) de coral	recif (m) de corali	[re'tʃif de ko'ralʲ]
orilla (f)	mal (n)	[mal]
costa (f)	litoral (n)	[lito'ral]

| flujo (m) | flux (n) | [fluks] |
| reflujo (m) | reflux (n) | [re'fluks] |

latitud (f)	longitudine (f)	[londʒi'tudine]
longitud (f)	latitudine (f)	[lati'tudine]
paralelo (m)	paralelă (f)	[para'lelə]
ecuador (m)	ecuator (n)	[ekua'tor]

cielo (m)	cer (n)	[tʃer]
horizonte (m)	orizont (n)	[ori'zont]
atmósfera (f)	atmosferă (f)	[atmos'ferə]

montaña (f)	munte (m)	['munte]
cima (f)	vârf (n)	[virf]
roca (f)	stâncă (f)	['stinkə]

colina (f)	deal (n)	['dʲal]
volcán (m)	vulcan (n)	[vul'kan]
glaciar (m)	gheţar (m)	[ge'tsar]
cascada (f)	cascadă (f)	[kas'kadə]
llanura (f)	şes (n)	[ʃəs]
río (m)	râu (n)	['riu]
manantial (m)	izvor (n)	[iz'vor]
ribera (f)	mal (n)	[mal]
río abajo (adv)	în josul apei	[in 'ʒosul 'apej]
río arriba (adv)	în susul apei	[in 'susul 'apej]
lago (m)	lac (n)	[lak]
presa (f)	baraj (n)	[ba'raʒ]
canal (m)	canal (n)	[ka'nal]
pantano (m)	mlaştină (f)	['mlaʃtinə]
hielo (m)	gheaţă (f)	['gʲatsə]

19. Los países. Unidad 1

Europa (f)	Europa (f)	[eu'ropa]
Unión (f) Europea	Uniunea (f) Europeană	[uni'unʲa euro'pʲanə]
europeo (m)	european (m)	[euro'pʲan]
europeo (adj)	european	[euro'pʲan]
Austria (f)	Austria (f)	[a'ustrija]
Gran Bretaña (f)	Marea Britanie (f)	['marʲa bri'tanie]
Inglaterra (f)	Anglia (f)	['anglija]
Bélgica (f)	Belgia (f)	['beldʒia]
Alemania (f)	Germania (f)	[dʒer'manija]
Países Bajos (m pl)	Ţările de Jos (f pl)	['tsərile de ʒos]
Holanda (f)	Olanda (f)	[o'landa]
Grecia (f)	Grecia (f)	['gretʃia]
Dinamarca (f)	Danemarca (f)	[dane'marka]
Irlanda (f)	Irlanda (f)	[ir'landa]
Islandia (f)	Islanda (f)	[is'landa]
España (f)	Spania (f)	['spania]
Italia (f)	Italia (f)	[i'talia]
Chipre (m)	Cipru (n)	['tʃipru]
Malta (f)	Malta (f)	['malta]
Noruega (f)	Norvegia (f)	[nor'vedʒia]
Portugal (m)	Portugalia (f)	[portu'galia]
Finlandia (f)	Finlanda (f)	[fin'landa]
Francia (f)	Franţa (f)	['frantsa]
Suecia (f)	Suedia (f)	[su'edia]
Suiza (f)	Elveţia (f)	[el'vetsia]
Escocia (f)	Scoţia (f)	['skotsia]

Vaticano (m)	**Vatican** (m)	[vati'kan]
Liechtenstein (m)	**Liechtenstein** (m)	[lihten'ʃtajn]
Luxemburgo (m)	**Luxemburg** (m)	[luksem'burg]
Mónaco (m)	**Monaco** (m)	[mo'nako]
Albania (f)	**Albania** (f)	[al'banija]
Bulgaria (f)	**Bulgaria** (f)	[bul'garia]
Hungría (f)	**Ungaria** (f)	[un'garia]
Letonia (f)	**Letonia** (f)	[le'tonia]
Lituania (f)	**Lituania** (f)	[litu'ania]
Polonia (f)	**Polonia** (f)	[po'lonia]
Rumania (f)	**România** (f)	[rominia]
Serbia (f)	**Serbia** (f)	['serbija]
Eslovaquia (f)	**Slovacia** (f)	[slo'vatʃia]
Croacia (f)	**Croaţia** (f)	[kro'atsia]
Chequia (f)	**Cehia** (f)	['tʃehija]
Estonia (f)	**Estonia** (f)	[es'tonia]
Bosnia y Herzegovina	**Bosnia şi Herţegovina** (f)	['bosnia ʃi hertsego'vina]
Macedonia	**Macedonia** (f)	[matʃe'donia]
Eslovenia	**Slovenia** (f)	[slo'venia]
Montenegro (m)	**Muntenegru** (m)	[munte'negru]
Bielorrusia (f)	**Belarus** (f)	[bela'rus]
Moldavia (f)	**Moldova** (f)	[mol'dova]
Rusia (f)	**Rusia** (f)	['rusia]
Ucrania (f)	**Ucraina** (f)	[ukra'ina]

20. Los países. Unidad 2

Asia (f)	**Asia** (f)	['asia]
Vietnam (m)	**Vietnam** (n)	[viet'nam]
India (f)	**India** (f)	['india]
Israel (m)	**Israel** (n)	[isra'el]
China (f)	**China** (f)	['kina]
Líbano (m)	**Liban** (n)	[li'ban]
Mongolia (f)	**Mongolia** (f)	[mon'golia]
Malasia (f)	**Malaezia** (f)	[mala'ezia]
Pakistán (m)	**Pakistan** (n)	[paki'stan]
Arabia (f) Saudita	**Arabia** (f) **Saudită**	[a'rabia sau'ditə]
Tailandia (f)	**Thailanda** (f)	[taj'landa]
Taiwán (m)	**Taiwan** (m)	[taj'van]
Turquía (f)	**Turcia** (f)	['turtʃia]
Japón (m)	**Japonia** (f)	[ʒa'ponia]
Afganistán (m)	**Afganistan** (n)	[afganis'tan]
Bangladesh (m)	**Bangladeş** (m)	[bangla'deʃ]
Indonesia (f)	**Indonezia** (f)	[indo'nezia]

Jordania (f)	**Iordania** (f)	[jor'dania]
Irak (m)	**Irak** (n)	[i'rak]
Irán (m)	**Iran** (n)	[i'ran]
Camboya (f)	**Cambodgia** (f)	[kam'bodʒia]
Kuwait (m)	**Kuweit** (n)	[kuve'it]
Laos (m)	**Laos** (n)	['laos]
Myanmar (m)	**Myanmar** (m)	[mjan'mar]
Nepal (m)	**Nepal** (n)	[ne'pal]
Emiratos (m pl) Árabes Unidos	**Emiratele** (n pl) **Arabe Unite**	[emi'ratele a'rabe u'nite]
Siria (f)	**Siria** (f)	['sirija]
Palestina (f)	**Palestina** (f)	[pales'tina]
Corea (f) del Sur	**Coreea** (f) **de Sud**	[ko'rea de 'sud]
Corea (f) del Norte	**Coreea** (f) **de Nord**	[ko'rea de 'nord]
Estados Unidos de América	**Statele** (n pl) **Unite ale Americii**	['statele u'nite 'ale a'meritʃij]
Canadá (f)	**Canada** (f)	[ka'nada]
Méjico (m)	**Mexic** (n)	['meksik]
Argentina (f)	**Argentina** (f)	[arʒen'tina]
Brasil (m)	**Brazilia** (f)	[bra'zilia]
Colombia (f)	**Columbia** (f)	[ko'lumbia]
Cuba (f)	**Cuba** (f)	['kuba]
Chile (m)	**Chile** (n)	['tʃile]
Venezuela (f)	**Venezuela** (f)	[venezu'ela]
Ecuador (m)	**Ecuador** (m)	[ekua'dor]
Islas (f pl) Bahamas	**Insulele** (f pl) **Bahamas**	['insulele ba'hamas]
Panamá (f)	**Panama** (f)	[pana'ma]
Egipto (m)	**Egipt** (n)	[e'dʒipt]
Marruecos (m)	**Maroc** (n)	[ma'rok]
Túnez (m)	**Tunisia** (f)	[tu'nisia]
Kenia (f)	**Kenia** (f)	['kenia]
Libia (f)	**Libia** (f)	['libia]
República (f) Sudafricana	**Africa de Sud** (f)	['afrika de sud]
Australia (f)	**Australia** (f)	[au'stralia]
Nueva Zelanda (f)	**Noua Zeelandă** (f)	['nowa zee'landə]

21. El tiempo. Los desastres naturales

tiempo (m)	**timp** (n)	[timp]
previsión (f) del tiempo	**prognoză** (f) **meteo**	[prog'nozə 'meteo]
temperatura (f)	**temperatură** (f)	[tempera'turə]
termómetro (m)	**termometru** (n)	[termo'metru]
barómetro (m)	**barometru** (n)	[baro'metru]
sol (m)	**soare** (n)	[so'are]

brillar (vi)	a străluci	[a strəlu'ʧi]
soleado (un día ~)	însorit	[inso'rit]
elevarse (el sol)	a răsări	[a rəsə'ri]
ponerse (vr)	a apune	[a a'pune]
lluvia (f)	ploaie (f)	[plo'ae]
está lloviendo	plouă	['plowə]
aguacero (m)	ploaie (f) torenţială	[plo'ae toren'tsjalə]
nubarrón (m)	nor (m)	[nor]
charco (m)	băltoacă (f)	[bəlto'akə]
mojarse (vr)	a se uda	[a se u'da]
tormenta (f)	furtună (f)	[fur'tunə]
relámpago (m)	fulger (n)	['fuldʒer]
relampaguear (vi)	a fulgera	[a fuldʒe'ra]
trueno (m)	tunet (n)	['tunet]
está tronando	tună	['tunə]
granizo (m)	grindină (f)	[grin'dinə]
está granizando	plouă cu gheaţă	['plowə ku 'gʲatsə]
bochorno (m)	caniculă (f)	[ka'nikulə]
hace mucho calor	e foarte cald	[e fo'arte kald]
hace calor (templado)	e cald	[e kald]
hace frío	e frig	[e frig]
niebla (f)	ceaţă (f)	['ʧatsə]
nebuloso (adj)	ceţos	[ʧe'tsos]
nube (f)	nor (m)	[nor]
nuboso (adj)	înnorat	[inno'rat]
humedad (f)	umiditate (f)	[umidi'tate]
nieve (f)	zăpadă (f)	[zə'padə]
está nevando	ninge	['nindʒe]
helada (f)	ger (n)	[dʒer]
bajo cero (adv)	sub zero grade	[sub 'zero 'grade]
escarcha (f)	brumă (f)	['brumə]
mal tiempo (m)	vreme (f) rea	['vreme rʲa]
catástrofe (f)	catastrofă (f)	[katas'trofə]
inundación (f)	inundaţie (f)	[inun'datsie]
avalancha (f)	avalanşă (f)	[ava'lanʃə]
terremoto (m)	cutremur (n)	[ku'tremur]
sacudida (f)	zguduire (f)	[zgudu'ire]
epicentro (m)	epicentru (m)	[epi'ʧentru]
erupción (f)	erupţie (f)	[e'ruptsie]
lava (f)	lavă (f)	['lavə]
tornado (m)	tornadă (f)	[tor'nadə]
torbellino (m)	vârtej (n)	[vir'teʒ]
huracán (m)	uragan (m)	[ura'gan]
tsunami (m)	tsunami (n)	[tsu'nami]
ciclón (m)	ciclon (m)	[ʧi'klon]

22. Los animales. Unidad 1

animal (m)	animal (n)	[ani'mal]
carnívoro (m)	prădător (n)	[prədə'tor]
tigre (m)	tigru (m)	['tigru]
león (m)	leu (m)	['leu]
lobo (m)	lup (m)	[lup]
zorro (m)	vulpe (f)	['vulpe]
jaguar (m)	jaguar (m)	[ʒagu'ar]
lince (m)	râs (m)	[ris]
coyote (m)	coiot (m)	[ko'jot]
chacal (m)	şacal (m)	[ʃa'kal]
hiena (f)	hienă (f)	[hi'enə]
ardilla (f)	veveriţă (f)	[veve'ritsə]
erizo (m)	arici (m)	[a'ritʃi]
conejo (m)	iepure (m) de casă	['jepure de 'kasə]
mapache (m)	enot (m)	[e'not]
hámster (m)	hârciog (m)	[hir'tʃiog]
topo (m)	cârtiţă (f)	['kirtitsə]
ratón (m)	şoarece (m)	[ʃo'aretʃe]
rata (f)	şobolan (m)	[ʃobo'lan]
murciélago (m)	liliac (m)	[lili'ak]
castor (m)	castor (m)	['kastor]
caballo (m)	cal (m)	[kal]
ciervo (m)	cerb (m)	[tʃerb]
camello (m)	cămilă (f)	[kə'milə]
cebra (f)	zebră (f)	['zebrə]
ballena (f)	balenă (f)	[ba'lenə]
foca (f)	focă (f)	['fokə]
morsa (f)	morsă (f)	['morsə]
delfín (m)	delfin (m)	[del'fin]
oso (m)	urs (m)	[urs]
mono (m)	maimuţă (f)	[maj'mutsə]
elefante (m)	elefant (m)	[ele'fant]
rinoceronte (m)	rinocer (m)	[rino'tʃer]
jirafa (f)	girafă (f)	[dʒi'rafə]
hipopótamo (m)	hipopotam (m)	[hipopo'tam]
canguro (m)	cangur (m)	['kangur]
gata (f)	pisică (f)	[pi'sikə]
vaca (f)	vacă (f)	['vakə]
toro (m)	taur (m)	['taur]
oveja (f)	oaie (f)	[o'ae]

cabra (f)	capră (f)	['kaprə]
asno (m)	măgar (m)	[mə'gar]
cerdo (m)	porc (m)	[pork]
gallina (f)	găină (f)	[gə'inə]
gallo (m)	cocoş (m)	[ko'koʃ]
pato (m)	raţă (f)	['ratsə]
ganso (m)	gâscă (f)	['gɨskə]
pava (f)	curcă (f)	['kurkə]
perro (m) pastor	câine (m) ciobănesc	['kɨjne tʃiobə'nesk]

23. Los animales. Unidad 2

pájaro (m)	pasăre (f)	['pasəre]
paloma (f)	porumbel (m)	[porum'bel]
gorrión (m)	vrabie (f)	['vrabie]
carbonero (m)	piţigoi (m)	[pitsi'goj]
urraca (f)	coţofană (f)	[kotso'fanə]
águila (f)	acvilă (f)	['akvilə]
azor (m)	uliu (m)	['ulju]
halcón (m)	şoim (m)	[ʃojm]
cisne (m)	lebădă (f)	['lebədə]
grulla (f)	cocor (m)	[ko'kor]
cigüeña (f)	cocostârc (m)	[kokos'tirk]
loro (m), papagayo (m)	papagal (m)	[papa'gal]
pavo (m) real	păun (m)	[pə'un]
avestruz (m)	struţ (m)	[struts]
garza (f)	stârc (m)	[stirk]
ruiseñor (m)	privighetoare (f)	[privigeto'are]
golondrina (f)	rândunică (f)	[rɨndu'nikə]
pájaro carpintero (m)	ciocănitoare (f)	[tʃiokənito'are]
cuco (m)	cuc (m)	[kuk]
lechuza (f)	bufniţă (f)	['bufnitsə]
pingüino (m)	pinguin (m)	[pigu'in]
atún (m)	ton (m)	[ton]
trucha (f)	păstrăv (m)	[pəs'trəv]
anguila (f)	ţipar (m)	[tsi'par]
tiburón (m)	rechin (m)	[re'kin]
centolla (f)	crab (m)	[krab]
medusa (f)	meduză (f)	[me'duzə]
pulpo (m)	caracatiţă (f)	[kara'katitsə]
estrella (f) de mar	stea de mare (f)	[stʲa de 'mare]
erizo (m) de mar	arici de mare (m)	[a'ritʃi de 'mare]
caballito (m) de mar	căluţ (m) de mare (f)	[ka'luts de 'mare]

camarón (m)	crevetă (f)	[kre'vetə]
serpiente (f)	şarpe (m)	['ʃarpe]
víbora (f)	viperă (f)	['viperə]
lagarto (m)	şopârlă (f)	[ʃo'pirlə]
iguana (f)	iguană (f)	[igu'anə]
camaleón (m)	cameleon (m)	[kamele'on]
escorpión (m)	scorpion (m)	[skorpi'on]
tortuga (f)	broască (f) ţestoasă	[bro'askə tsesto'asə]
rana (f)	broască (f)	[bro'askə]
cocodrilo (m)	crocodil (m)	[kroko'dil]
insecto (m)	insectă (f)	[in'sektə]
mariposa (f)	fluture (m)	['fluture]
hormiga (f)	furnică (f)	[fur'nikə]
mosca (f)	muscă (f)	['muskə]
mosquito (m) (picadura de ~)	ţânţar (m)	[tsin'tsar]
escarabajo (m)	gândac (m)	[gin'dak]
abeja (f)	albină (f)	[al'binə]
araña (f)	păianjen (m)	[pə'janʒen]
mariquita (f)	buburuză (f)	[bubu'ruzə]

24. Los árboles. Las plantas

árbol (m)	copac (m)	[ko'pak]
abedul (m)	mesteacăn (m)	[mes'tʲakən]
roble (m)	stejar (m)	[ste'ʒar]
tilo (m)	tei (m)	[tej]
pobo (m)	plop tremurător (m)	['plop tremurə'tor]
arce (m)	arţar (m)	[ar'tsar]
pícea (f)	brad (m)	[brad]
pino (m)	pin (m)	[pin]
cedro (m)	cedru (m)	['tʃedru]
álamo (m)	plop (m)	[plop]
serbal (m)	sorb (m)	[sorb]
haya (f)	fag (m)	[fag]
olmo (m)	ulm (m)	[ulm]
fresno (m)	frasin (m)	['frasin]
castaño (m)	castan (m)	[kas'tan]
palmera (f)	palmier (m)	[palmi'er]
mata (f)	tufă (f)	['tufə]
seta (f)	ciupercă (f)	[tʃiu'perkə]
seta (f) venenosa	ciupercă (f) otrăvitoare	[tʃiu'perkə otrəvito'are]
seta calabaza (f)	hrib (m)	[hrib]
rúsula (f)	vineţică (f)	[vine'tsikə]

| matamoscas (m) | burete (m) pestriţ | [bu'rete pes'triʦ] |
| oronja (f) verde | ciupercă (f) otrăvitoare | [ʧiu'perkə otrəvito'are] |

flor (f)	floare (f)	[flo'are]
ramo (m) de flores	buchet (n)	[bu'ket]
rosa (f)	trandafir (m)	[tranda'fir]
tulipán (m)	lalea (f)	[la'lʲa]
clavel (m)	garoafă (f)	[garo'afə]

manzanilla (f)	romaniţă (f)	[roma'niʦə]
cacto (m)	cactus (m)	['kaktus]
muguete (m)	lăcrămioară (f)	[ləkrəmjo'arə]
campanilla (f) de las nieves	ghiocel (m)	[gio'ʧel]
nenúfar (m)	nufăr (m)	['nufər]

invernadero (m) tropical	seră (f)	['serə]
césped (m)	gazon (n)	[ga'zon]
macizo (m) de flores	strat (n) de flori	[strat de 'florʲ]

planta (f)	plantă (f)	['plantə]
hierba (f)	iarbă (f)	['jarbə]
hoja (f)	frunză (f)	['frunzə]
pétalo (m)	petală (f)	[pe'talə]
tallo (m)	tulpină (f)	[tul'pinə]
retoño (m)	mugur (m)	['mugur]

cereales (m pl) (plantas)	cereale (f pl)	[ʧere'ale]
trigo (m)	grâu (m)	['griu]
centeno (m)	secară (f)	[se'karə]
avena (f)	ovăz (n)	[ovəz]

mijo (m)	mei (m)	[mej]
cebada (f)	orz (n)	[orz]
maíz (m)	porumb (m)	[po'rumb]
arroz (m)	orez (n)	[o'rez]

25. Varias palabras útiles

alto (m) (parada temporal)	pauză (f)	['pauzə]
ayuda (f)	ajutor (n)	[aʒu'tor]
balance (m)	balanţă (f)	[ba'lanʦə]
base (f) (~ científica)	bază (f)	['bazə]
categoría (f)	categorie (f)	[katego'rie]

coincidencia (f)	coincidenţă (f)	[koinʧi'denʦə]
comienzo (m) (principio)	început (n)	[inʧe'put]
comparación (f)	comparaţie (f)	[kompa'raʦie]
desarrollo (m)	dezvoltare (f)	[dezvol'tare]
diferencia (f)	deosebire (f)	[deose'bire]
efecto (m)	efect (n)	[e'fekt]

ejemplo (m)	exemplu (n)	[e'gzemplu]
variedad (f) (selección)	alegere (f)	[a'ledʒere]
elemento (m)	element (n)	[ele'ment]
error (m)	greşeală (f)	[gre'ʃalə]

esfuerzo (m)	efort (n)	[e'fort]
estándar (adj)	standardizat	[standardi'zat]
estilo (m)	stil (n)	[stil]
forma (f) (contorno)	formă (f)	['formə]

grado (m) (en mayor ~)	grad (n)	[grad]
hecho (m)	fapt (n)	[fapt]
ideal (m)	ideal (n)	[ide'al]
modo (m) (de otro ~)	mod (n)	[mod]
momento (m)	moment (n)	[mo'mənt]

obstáculo (m)	obstacol (n)	[ob'stakol]
parte (f)	parte (f)	['parte]
pausa (f)	pauză (f)	['pauzə]
posición (f)	poziţie (f)	[po'zitsie]
problema (m)	problemă (f)	[pro'blemə]

proceso (m)	proces (n)	[pro'tʃes]
progreso (m)	progres (n)	[pro'gres]
propiedad (f) (cualidad)	însuşire (f)	[insu'ʃire]
reacción (f)	reacţie (f)	[re'aktsie]
riesgo (m)	risc (n)	[risk]

secreto (m)	taină (f)	['tajnə]
serie (f)	serie (f)	['serie]
sistema (m)	sistem (n)	[sis'tem]
situación (f)	situaţie (f)	[situ'atsie]
solución (f)	soluţie (f)	[so'lutsie]
tabla (f) (~ de multiplicar)	tabel (n)	[ta'bel]
tempo (m) (ritmo)	ritm (n)	[ritm]

término (m)	termen (n)	['termen]
tipo (m)	aspect (n)	[as'pekt]
(p.ej. ~ de deportes)		
turno (m) (esperar su ~)	rând (n)	[rind]
urgente (adj)	urgent	[ur'dʒent]
utilidad (f)	folos (n)	[fo'los]
variante (f)	variantă (f)	[vari'antə]
verdad (f)	adevăr (n)	[ade'vər]
zona (f)	zonă (f)	['zonə]

26. Los adjetivos. Unidad 1

| abierto (adj) | deschis | [des'kis] |
| adicional (adj) | suplimentar | [suplimen'tar] |

agrio (sabor ~)	acru	['akru]
agudo (adj)	ascuţit	[asku'tsit]
amargo (adj)	amar	[a'mar]
amplio (~a habitación)	spaţios	[spatsi'os]
antiguo (adj)	antic	['antik]
arriesgado (adj)	riscant	[ris'kant]
artificial (adj)	artificial	[artifitʃi'al]
azucarado, dulce (adj)	dulce	['dultʃe]
bajo (voz ~a)	încet	[in'tʃet]
bello (hermoso)	frumos	[fru'mos]
blando (adj)	moale	[mo'ale]
bronceado (adj)	bronzat	[bron'zat]
central (adj)	central	[tʃen'tral]
ciego (adj)	orb	[orb]
clandestino (adj)	ilegal	[ile'gal]
compatible (adj)	compatibil	[kompa'tibil]
congelado (pescado ~)	congelat	[kondʒe'lat]
contento (adj)	mulţumit	[multsu'mit]
continuo (adj)	îndelungat	[indelu'ngat]
cortés (adj)	politicos	[politi'kos]
corto (adj)	scurt	[skurt]
crudo (huevos ~s)	crud	[krud]
de segunda mano	la mâna a doua	[la 'mina a 'dowa]
denso (~a niebla)	des	[des]
derecho (adj)	drept	[drept]
difícil (decisión)	greu	['greu]
dulce (agua ~)	nesărat	[nesə'rat]
duro (material, etc.)	tare	['tare]
enfermo (adj)	bolnav	[bol'nav]
enorme (adj)	uriaş	[uri'aʃ]
especial (adj)	special	[spetʃi'al]
estrecho (calle, etc.)	îngust	[in'gust]
exacto (adj)	exact	[e'gzakt]
excelente (adj)	excelent	[ekstʃe'lent]
excesivo (adj)	excesiv	[ekstʃe'siv]
exterior (adj)	exterior	[eksteri'or]
fácil (adj)	simplu	['simplu]
feliz (adj)	fericit	[feri'tʃit]
fértil (la tierra ~)	roditor	[rodi'tor]
frágil (florero, etc.)	fragil	[fra'dʒil]
fuerte (~ voz)	cu voce tare	[ku 'votʃe 'tare]
fuerte (adj)	puternic	[pu'ternik]
grande (en dimensiones)	mare	['mare]
gratis (adj)	gratis	['gratis]

importante (adj)	important	[impor'tant]
infantil (adj)	pentru copii	['pentru ko'pij]
inmóvil (adj)	imobil	[imo'bil]
inteligente (adj)	deştept	[deʃ'tept]
interior (adj)	interior	[interi'or]
izquierdo (adj)	stâng	[sting]

27. Los adjetivos. Unidad 2

largo (camino)	lung	[lung]
legal (adj)	legal	[le'gal]
ligero (un metal ~)	uşor	[u'ʃor]
limpio (camisa ~)	curat	[ku'rat]
líquido (adj)	lichid	[li'kid]

liso (piel, pelo, etc.)	neted	['neted]
lleno (adj)	plin	[plin]
maduro (fruto, etc.)	copt	[kopt]
malo (adj)	rău	['rəu]
mate (sin brillo)	mat	[mat]

misterioso (adj)	enigmatic	[enig'matik]
muerto (adj)	mort	[mort]
natal (país ~)	natal	[na'tal]
negativo (adj)	negativ	[nega'tiv]
no difícil (adj)	uşor	[u'ʃor]

normal (adj)	normal	[nor'mal]
nuevo (adj)	nou	['nou]
obligatorio (adj)	obligatoriu	[obliga'torju]
opuesto (adj)	opus	[o'pus]
ordinario (adj)	obişnuit	[obiʃnu'it]

original (inusual)	original	[oridʒi'nal]
peligroso (adj)	periculos	[periku'los]
pequeño (adj)	mic	[mik]
perfecto (adj)	superb	[su'perb]
personal (adj)	personal	[perso'nal]
pobre (adj)	sărac	[sə'rak]

poco claro (adj)	neclar	[ne'klar]
poco profundo (adj)	mărunt	[mə'runt]
posible (adj)	posibil	[po'sibil]
principal (~ idea)	fundamental	[fundamen'tal]
principal (la entrada ~)	principal	[printʃi'pal]

probable (adj)	probabil	[pro'babil]
público (adj)	social	[sotʃi'al]
rápido (adj)	rapid	[ra'pid]
raro (adj)	rar	[rar]

recto (línea ~a)	**drept**	[drept]
sabroso (adj)	**gustos**	[gus'tos]
siguiente (avión, etc.)	**următor**	[urmə'tor]
similar (adj)	**asemănător**	[asemənə'tor]
sólido (~a pared)	**durabil**	[du'rabil]
sucio (no limpio)	**murdar**	[mur'dar]
tonto (adj)	**prost**	[prost]
triste (mirada ~)	**trist**	[trist]
último (~a oportunidad)	**ultimul**	['ultimul]
último (~a vez)	**trecut**	[tre'kut]
vacío (vaso medio ~)	**gol**	[gol]
viejo (casa ~a)	**bătrân**	[bə'trin]

28. Los verbos. Unidad 1

abrir (vt)	**a deschide**	[a des'kide]
acabar, terminar (vt)	**a termina**	[a termi'na]
acusar (vt)	**a învinui**	[a invinu'i]
agradecer (vt)	**a mulțumi**	[a multsu'mi]
almorzar (vi)	**a lua prânzul**	[a lu'a 'prinzul]
alquilar (~ una casa)	**a închiria**	[a inkiri'ja]
anular (vt)	**a anula**	[a anu'la]
anunciar (vt)	**a anunța**	[a anun'tsa]
apagar (vt)	**a stinge**	[a 'stindʒe]
autorizar (vt)	**a permite**	[a per'mite]
ayudar (vt)	**a ajuta**	[a aʒu'ta]
bailar (vi, vt)	**a dansa**	[a dan'sa]
beber (vi, vt)	**a bea**	[a bʲa]
borrar (vt)	**a șterge**	[a 'ʃterdʒe]
bromear (vi)	**a glumi**	[a glu'mi]
bucear (vi)	**a se scufunda**	[a se skufun'da]
caer (vi)	**a cădea**	[a kə'dʲa]
cambiar (vt)	**a schimba**	[a skim'ba]
cantar (vi)	**a cânta**	[a kin'ta]
cavar (vt)	**a săpa**	[a sə'pa]
cazar (vi, vt)	**a vâna**	[a vi'na]
cenar (vi)	**a cina**	[a ʧi'na]
cerrar (vt)	**a închide**	[a i'nkide]
cesar (vt)	**a înceta**	[a antʃe'ta]
coger (vt)	**a prinde**	[a 'prinde]
comenzar (vt)	**a începe**	[a in'tʃepe]
comer (vi, vt)	**a mânca**	[a min'ka]
comparar (vt)	**a compara**	[a kompa'ra]
comprar (vt)	**a cumpăra**	[a kumpə'ra]
comprender (vt)	**a înțelege**	[a intse'ledʒe]

confiar (vt)	a avea încredere	[a a'vʲa in'kredere]
confirmar (vt)	a confirma	[a konfir'ma]
conocer (~ a alguien)	a cunoaşte	[a kuno'aʃte]
construir (vt)	a construi	[a konstru'i]
contar (una historia)	a povesti	[a poves'ti]
contar (vt) (enumerar)	a calcula	[a kalku'la]
contar con ...	a conta pe ...	[a kon'ta pe]
copiar (vt)	a copia	[a kopi'ja]
correr (vi)	a alerga	[a aler'ga]
costar (vt)	a costa	[a kos'ta]
crear (vt)	a crea	[a 'krʲa]
creer (en Dios)	a crede	[a 'krede]
dar (vt)	a da	[a da]
decidir (vt)	a hotărî	[a hote'ri]
decir (vt)	a spune	[a 'spune]
dejar caer	a scăpa	[a ske'pa]
depender de ...	a depinde de ...	[a de'pinde de]
desaparecer (vi)	a dispărea	[a dispe'rʲa]
desayunar (vi)	a lua micul dejun	[a lu'a 'mikul de'ʒun]
despreciar (vt)	a dispreţui	[a dispreʦu'i]
disculpar (vt)	a scuza	[a sku'za]
disculparse (vr)	a cere scuze	[a 'ʧere 'skuze]
discutir (vt)	a discuta	[a disku'ta]
divorciarse (vr)	a divorţa	[a divor'ʦa]
dudar (vt)	a se îndoi	[a se indo'i]

29. Los verbos. Unidad 2

encender (vt)	a aprinde	[a a'prinde]
encontrar (hallar)	a găsi	[a ge'si]
encontrarse (vr)	a se întâlni	[a se intil'ni]
engañar (vi, vt)	a minţi	[a min'ʦi]
enviar (vt)	a trimite	[a tri'mite]
equivocarse (vr)	a greşi	[a gre'ʃi]
escoger (vt)	a alege	[a a'ledʒe]
esconder (vt)	a ascunde	[a as'kunde]
escribir (vt)	a scrie	[a 'skrie]
esperar (aguardar)	a aştepta	[a aʃtep'ta]
esperar (tener esperanza)	a spera	[a spe'ra]
estar ausente	a lipsi	[a lip'si]
estar cansado	a obosi	[a obo'si]
estar de acuerdo	a fi de acord	[a fi de a'kord]
estudiar (vt)	a studia	[a studi'a]
exigir (vt)	a cere	[a 'ʧere]

existir (vi)	a exista	[a ekzis'ta]
explicar (vt)	a explica	[a ekspli'ka]
faltar (a las clases)	a lipsi	[a lip'si]
felicitar (vt)	a felicita	[a feliʧi'ta]
firmar (~ el contrato)	a semna	[a sem'na]
girar (~ a la izquierda)	a întoarce	[a into'arʧe]
gritar (vi)	a striga	[a stri'ga]

guardar (conservar)	a păstra	[a pəs'tra]
gustar (vi)	a plăcea	[a plə'ʧa]
hablar (vi, vt)	a vorbi	[a vor'bi]
hablar con …	a vorbi cu …	[a vor'bi ku]
hacer (vt)	a face	[a 'faʧe]

hacer la limpieza	a face ordine	[a 'faʧe 'ordine]
insistir (vi)	a insista	[a insis'ta]
insultar (vt)	a jigni	[a ʒig'ni]
invitar (vt)	a invita	[a invi'ta]
ir (a pie)	a merge	[a 'merdʒe]

jugar (divertirse)	a juca	[a ʒu'ka]
leer (vi, vt)	a citi	[a ʧi'ti]
llegar (vi)	a sosi	[a so'si]
llorar (vi)	a plânge	[a 'plindʒe]
matar (vt)	a omorî	[a omo'ri]
mirar a …	a se uita	[a se uj'ta]

molestar (vt)	a deranja	[a deran'ʒa]
morir (vi)	a muri	[a mu'ri]
mostrar (vt)	a arăta	[a arə'ta]
nacer (vi)	a se naşte	[a se 'naʃte]
nadar (vi)	a înota	[a ino'ta]
negar (vt)	a nega	[a ne'ga]

obedecer (vi, vt)	a se supune	[a se su'pune]
odiar (vt)	a urî	[a u'ri]
oír (vt)	a auzi	[a au'zi]
olvidar (vt)	a uita	[a uj'ta]
orar (vi)	a se ruga	[a se ru'ga]

30. Los verbos. Unidad 3

pagar (vi, vt)	a plăti	[a plə'ti]
participar (vi)	a participa	[a partiʧi'pa]
pegar (golpear)	a bate	[a 'bate]
pelear (vi)	a se bate	[a se 'bate]
pensar (vi, vt)	a se gândi	[a se gin'di]
perder (paraguas, etc.)	a pierde	[a 'pjerde]
perdonar (vt)	a ierta	[a er'ta]
pertenecer a …	a aparţine	[a apar'ʦine]

poder (v aux)	a putea	[a pu'tʲa]
poder (v aux)	a putea	[a pu'tʲa]
preguntar (vt)	a întreba	[a ɨntre'ba]
preparar (la cena)	a găti	[a gə'ti]

prever (vt)	a prevedea	[a preve'dʲa]
probar (vt)	a dovedi	[a dove'di]
prohibir (vt)	a interzice	[a inter'zitʃe]
prometer (vt)	a promite	[a pro'mite]
proponer (vt)	a propune	[a pro'pune]
quebrar (vt)	a rupe	[a 'rupe]

quejarse (vr)	a se plânge	[a se 'plɨndʒe]
querer (amar)	a iubi	[a ju'bi]
querer (desear)	a vrea	[a vrʲa]
recibir (vt)	a primi	[a pri'mi]
repetir (vt)	a repeta	[a repe'ta]
reservar (~ una mesa)	a rezerva	[a rezer'va]

responder (vi, vt)	a răspunde	[a rəs'punde]
robar (vt)	a fura	[a fu'ra]
saber (~ algo mas)	a şti	[a ʃti]
salvar (vt)	a salva	[a sal'va]
secar (ropa, pelo)	a usca	[a uska]

sentarse (vr)	a se aşeza	[a se aʃe'za]
sonreír (vi)	a zâmbi	[a zɨm'bi]
tener (vt)	a avea	[a a'vʲa]
tener miedo	a se teme	[a se 'teme]

tener prisa	a se grăbi	[a se grə'bi]
tener prisa	a se grăbi	[a se grə'bi]
terminar (vt)	a pune capăt	[a 'pune 'kapət]
tirar, disparar (vi)	a trage	[a 'tradʒe]
tomar (vt)	a lua	[a lu'a]
trabajar (vi)	a lucra	[a lu'kra]

traducir (vt)	a traduce	[a tra'dutʃe]
tratar (de hacer algo)	a se strădui	[a se strədu'i]
vender (vt)	a vinde	[a 'vinde]
ver (vt)	a vedea	[a ve'dʲa]
verificar (vt)	a verifica	[a verifi'ka]
volar (pájaro, avión)	a zbura	[a zbu'ra]